河北北方学院学术著作出版基金资助

政府购买民间图书馆服务研究

李 英 李亚峰 著

河北大学出版社
·保定·

ZHENGFU GOUMAI MINJIAN TUSHUGUAN FUWU YANJIU

政府购买民间图书馆服务研究

出 版 人：耿金龙
责任编辑：韩立霞
装帧设计：张彦琪
责任校对：冯喆圆
责任印制：靳云飞

图书在版编目（CIP）数据

政府购买民间图书馆服务研究 / 李英，李亚峰著
. -- 保定 ：河北大学出版社，2019.2
ISBN 978-7-5666-1425-4

Ⅰ. ①政… Ⅱ. ①李… ②李… Ⅲ. ①公共图书馆－图书馆服务－政府采购制度－研究 Ⅳ. ① F812.2
② G258.2

中国版本图书馆 CIP 数据核字 (2018) 第 283198 号

出版发行：河北大学出版社
地址：河北省保定市七一东路 2666 号　邮编：071000
电话：0312-5073033　0312-5073029
邮箱：hbdxcbs818@163.com　网址：www.hbdxcbs.com
经　　销：全国新华书店
印　　刷：河北纪元数字印刷有限公司
幅面尺寸：170 mm × 240 mm
印　　张：8.25
字　　数：112 千字
版　　次：2019 年 2 月第 1 版
印　　次：2019 年 2 月第 1 次印刷
书　　号：ISBN 978-7-5666-1425-4
定　　价：35.00 元

目 录

第1章　绪　论

20世纪90年代，英国率先提出了公共服务和公共产品供给实行公私合作的理念，这种理念传播到美国、加拿大等国家并付诸实施，随后这一理念和经验逐渐扩大到中国等发展中国家。当前，政府向社会组织购买公共服务已经成为政府承担公共服务的新模式。之所以出现这种新模式主要基于四个原因：一是政府在公共产品与公共服务提供方面存在低效率甚至无效率的问题，从而导致公众不满；二是西方新公共管理运动的兴起；三是社会组织自身不断完善和发展的结果；四是社会发展带来的公众需求增长的变化。①

随着社会的不断进步，人们对于物质文化服务的需求越来越多，所以对于公共文化机构服务的要求就越发严格，而图书馆作为其中之一，应该积极主动地进行改变，探索为公众提供服务的新模式，以此来满足公众日益增长的需求；并且积极挖掘图书馆的潜能，在服务的过程中，使图书馆在当下社会环境背景下发挥其最大的效用。就当下来说，我国进行政府购买公共文化

① 王浦劬、[美] 莱斯特·M. 萨拉蒙等：《政府向社会组织购买公共服务研究——中国与全球经验分析》，北京：北京大学出版社，2010年版。

服务也不失为一种应对的措施。

1.1 研究的背景与意义

我国民间图书馆的历史源远流长，其在推动社会发展和文明进步方面一直发挥着重要作用。20 世纪 90 年代末期，我国的图书馆业内学者才真正聚焦民间图书馆相关问题，不断深入对民间图书馆相关问题的研究。2008 年，马艳红撰写的《我国民办图书馆研究综述》一文，全面客观地总结了 1996—2007 年我国民间图书馆发展的状况和面临的问题。民间图书馆的日益发展和成熟为其向公众提供文化服务奠定了基础，也为政府购买公共文化服务做好了前期铺垫。

改革开放以来，我国各项政策、体系不断完善。在公共文化领域，公共服务体系和制度建设不断完善，公共服务供给模式随着时代背景的变化日益丰富。同时，与公众日益增长的精神文化需求的现状无法匹配的是，有些领域的公共服务水平低下、服务模式落后、服务范围狭窄，亟待政府对这些问题做出应对。政府应该聚合各方力量，对公共文化的实施进行规划，形成多服务主体、多服务导向、多种实施方式的公共文化服务网络体系，从而为用户提供高质量、高效率、方便快捷的服务。政府向社会性质的组织机构进行服务购买，就是通过发挥市场机制的作用，把政府需要向社会公众提供的一部分公共服务，按照符合该领域的要求与方式，与符合条件的社会性机构进行约定，由其承担服务职能，政府根据其服务质量以及服务范围进行费用的支付。经过多年实践，政府向社会力量购买公共文化服务被证明是一种应对当下公共文化服务发展不充分、不平衡等现状的有效办法，是新时代公共文化服务的一种模式创新——其从服务主体角度入手，既能充分利用社会力量，也能缓解当下公共文化服务存在的困境。此外，政府向社会力量购买服务是创新公共服务提供方式、加快服务业发展、引导有效需求的重要途径，对于深化社会领域改革、提高公共文化服务质量、促进公共服务机构提升服务质量有着很重要的意义。

2013年9月26日，国务院办公厅印发了《关于政府向社会力量购买服务的指导意见》（以下简称《意见》）。《意见》指出凡适合社会力量承担的，都可以通过委托、承包、采购等方式交给社会力量承担。

1.1.1　研究的背景

在我国公共图书馆的发展过程中，公共图书馆发展的主要经费来源是政府投资，这也决定了公共图书馆的公益性的服务原则。但同时我国公共图书馆的发展也存在不少障碍，如由于管理体制条块分割，公共图书馆无法完全实现其应该承担的职能。

改革开放以来，我国持续推进公共服务体系建设和公共服务制度建设，提供服务的主体发生了很大变化——其不仅仅局限于政府部门，社会力量也慢慢加入其中，由此逐步形成以政府为主导、社会力量参与的社会公共服务供给模式，大大提高了社会力量办馆的积极性。随着我国公共文化事业的蓬勃发展，越来越多的民办图书馆得到不断发展。同时，一些民间图书馆在参与公共文化服务方面也取得了良好的成绩，在分担社区公共文化服务方面体现了社会力量的作用，承担了一部分的公共服务职能，成为我国公共文化服务供给中不可或缺的一部分。

随着社会的不断发展和人民物质生活水平的不断提高，世界各国已开始寻求政府购买公共服务改革的新思路，以提供更好的公共服务。20世纪60年代末到70年代初，在预防青少年犯罪和关注心理健康领域，美国首次进行了政府购买公共服务的尝试。我国在20世纪90年代初，曾有几个省、直辖市实行政府购买公共文化服务行为。政府向社会力量购买公共文化服务，从服务的直接供给者的角色转到监管机构和政策制定者的角色，在很短的时间内更好地反映了政府财政投资的最大利益。政府购买公共服务的主要形式是凭证制度、政府补助和合同三种类型。在当今的社会环境下，社会公众的文化需求日益多样化，对其需求的满足不应仅仅局限于传统的服务，应该趁着政府购买公共服务改革的机会，积极探索当下及未来图书馆可以提供的服务模式，为政府购买以公共文化机构为载体的服务——图书馆服务做好必要准备。

1.1.2 研究的意义

当前，对政府购买民间图书馆服务的研究和实践均处于起步阶段，本书对这一问题进行研究具有重要的理论价值和实践价值。

在理论价值方面，本书对政府购买民间图书馆服务进行了全面的调研、分析与研究，对政府购买图书馆服务的模式、资金投入、运行机制、评价体系等方面进行了开创性研究。民间图书馆服务是公共图书馆服务的有力补充，具有整理、收藏和传播信息与文献，并丰富人民群众文化生活的功能。加强对民间图书馆的研究，尤其是对民间图书馆解除发展困境的研究，对发挥其辅助公共图书馆服务作用的研究，有着非常高的学术价值。首先，将丰富图书馆学基础理论研究，使图书馆学的研究对象、研究方法、研究内容发生较大变化。其次，可以拓展图书馆学的研究视野。传统的图书馆学研究多集中在以图书馆本身为研究对象的研究，而较少考虑图书馆的发展壮大，特别是突破图书馆常规发展模式的研究。本书是一种新的尝试，对图书馆事业的发展可能会产生深远影响。再次，将丰富图书馆学的研究方法。本书采用管理学、经济学、图书馆学多学科交叉的研究方法，特别是将公共管理学的相关理论作为本研究的重要研究基点。

在实践价值方面，政府购买民间图书馆服务已经成为社会发展的必然趋势，需要进行全面研究与分析。首先，我们通过深入的调研，收集国内外先进的实践案例，对国内外民间图书馆的运行机制、服务模式进行全面研究，将为国内民间图书馆运营提供借鉴，使其在新时期得到更快速的发展，特别是为发展和壮大民间图书馆事业提供新方式、新方向、新思路。其次，本书借鉴其他相关学科的研究方法与理论构建我国各级政府购买民间图书馆服务可行性工作机制，将为政府购买其他不同类型图书馆服务提供有效的参考。再次，本书可为政府购买民间图书馆服务的评估提供相应思路。

1.2　国内外研究现状

目前，国外政府向社会力量购买相应的图书馆服务的行为已经非常普遍。我国在政府购买民间图书馆服务方面借鉴了西方发达国家的相关经验，并不断学习和探索适应我国自己的发展道路。

1.2.1　国外政府购买民间图书馆服务的现状

国外民间图书馆的发展受政府购买公共服务的影响不大，主要靠自身发展及社会各界的捐赠和帮助。① 但政府购买以图书馆为载体的公共服务、图书馆服务与政府购买民间图书馆服务之间存在着很多联系，因此本书主要以“政府购买图书馆服务”为主题分析国外发展现状。

许多国家普遍认为政府购买公共服务就是公共服务合同外包（contracting-out)，即政府通过与社会组织或者其他机构签订协议，并且对其完成服务的质量、时限、程度进行明确规定的活动。利用 Web of Science 核心合集进行相关文献高级检索，检索字段为主题，检索式为“主题：（library）AND 主题：（outsourcing）OR 主题：（contracting-out）”，对类别进行精炼，最终得到 222 篇文献，其中有 27 篇图书馆学、情报学相关文献。根据 Web of Science 数据库自带的检索结果分析工具，可以得到研究方向涉及以下方面，如图 1-1 所示。

① 田利：《政府购买民间图书馆服务研究》，《图书馆》2016 年第 1 期，第 31 页。

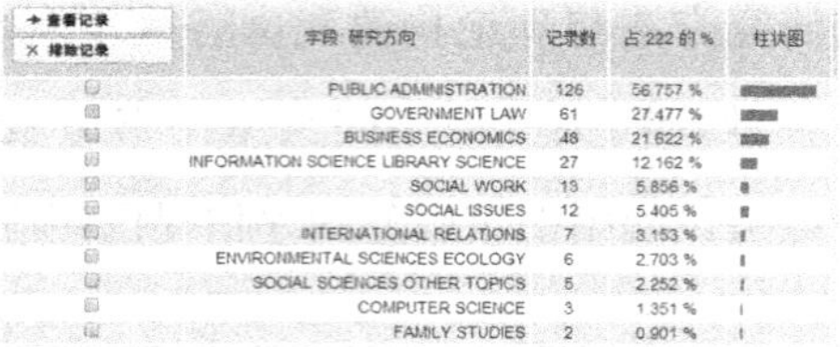

→ 查看记录 × 排除记录	字段: 研究方向	记录数	占 222 的 %	柱状图
	PUBLIC ADMINISTRATION	126	56.757 %	
	GOVERNMENT LAW	61	27.477 %	
	BUSINESS ECONOMICS	48	21.622 %	
	INFORMATION SCIENCE LIBRARY SCIENCE	27	12.162 %	
	SOCIAL WORK	13	5.856 %	
	SOCIAL ISSUES	12	5.405 %	
	INTERNATIONAL RELATIONS	7	3.153 %	
	ENVIRONMENTAL SCIENCES ECOLOGY	6	2.703 %	
	SOCIAL SCIENCES OTHER TOPICS	5	2.252 %	
	COMPUTER SCIENCE	3	1.351 %	
	FAMILY STUDIES	2	0.901 %	

图 1-1 国外政府购买图书馆服务的研究方向

文献研究内容涉及公共管理、教育科研、社会服务、环境科学等方面，具体包括政府购买图书馆服务的财政支出、社会组织的服务模式、社会组织的自身组织文化建设与机构能力范围、社会组织的盈利经营分析。

政府以购买公共服务的方式进行社会服务的实践很早就有。美国早在 1761 年就颁布了《联邦采购法》。这项法律经过 200 多年的发展，已经慢慢成熟，其完善了公共服务采购的整体流程，建立起了完善的体系。这个法律体系详细地规定了政府向社会采购公共服务的具体细节，如采购对象的金额、方式等。与此同时，美国政府还把购买公共文化服务作为一项长期的政府预算支出，使其在资金方面得到有力的保障，而且还利用各项税收政策、优惠措施鼓励企业和个人向公共文化服务项目进行捐赠，从而扩大其资金来源以及影响范围，确保政府购买公共服务的措施常态化实施。20 世纪末，新的公共管理运动也对政府购买服务产生了影响，形成了政府购买图书馆服务的政策。

在图书馆服务体系中，服务构成经历了从非核心业务外包到图书馆核心业务和所有业务外包的过程。自 20 世纪 80 年代以来，大部分西方国家的图书馆开始实行民间图书馆的业务外包。有些图书馆为了把重点放在核心职能上，将非核心功能外包给社会组织完成。如在 1983 年，美国的政府部门——管理和预算办公室发布了通知 A-76，大力鼓励非政府固有职能外包，其附录 A 中（例如业务活动）办公和管理服务项目明确指出图书馆业务的运作可以外包。

图书馆非核心业务向外承包在图书馆业界得到了很大程度的认可和推广。1993年，美国怀特州立大学图书馆把其核心编目业务交给OCLC Tech Pro，并于第二年2月在纽约召开专项会议，对编目外包的具体事项进行了探讨和商议。从那时起，美国图书馆业务外包涉及的核心业务领域就已经包括采购、编目、信息服务等。在探索部分业务对外承包的过程中，有些西方国家的公共图书馆曾将图书馆的所有业务对外承包，这样既充分解放了图书馆馆员的劳动力，也使得图书馆的服务在营利性企业的负责下更加精细和流程化，更加具体地满足用户的服务需求。总部设在美国芝加哥的Baker&Mackenize法律事务所是实行总体外包较早的地方。1995年，该法律事务所将其图书馆业务全部外包。从此以后，整个美国的公共图书馆都受到了相应的影响，图书馆服务业务总体外包迅速被广泛采用。1997年，加利福尼亚州将一所具有80多年历史的滨河县图书馆的全部业务以合约方式外包给了一家专业公司。此事引起了图书馆界的热议。据LSSI官网统计，截至2014年11月，美国已有20个图书馆系统的80所图书馆的全部业务和管理总体外包给了图书馆服务公司和图书馆系统公司。同时，英国的图书馆的总体业务外包也被广泛采用。英国伦敦豪恩斯洛区图书馆的公共服务于2008年总体外包给了约翰莱恩整合服务公司，此后又陆续增加了哈罗区、克罗伊登区等地区的图书馆服务。

1.2.2　国内政府购买民间图书馆服务的现状

利用中国知网期刊全文数据库（CNKI）对2000—2016年的民间图书馆服务研究领域的文献进行高级检索，以主题为检索字段进行检索，检索词为“民间图书馆服务”并含“政府购买”，进行精确检索，仅检索到田利的《政府购买民间图书馆服务研究》一篇文章。该文章结合国内外政府购买民间图书馆服务相关研究的学术史梳理及研究动态，分析了政府购买民间图书馆服务的价值所在（包括学术价值、实际意义、潜在价值等），并对政府购买民间图书馆服务的指导思想、对象、总体框架、主要内容、难点等研究内容进行了明确规定，最后给出政府购买民间图书馆服务研究的可行性，为后续政府购买民间或其他不同类型图书馆服务工作提供了有益的参考。

检索到的与主题相关的文献有且只有一篇，表明目前学术界对政府进行民间图书馆服务购买行为的研究还很少，并且涉猎的内容也很浅薄，不够深入。但是，民间图书馆服务属于目前公共文化服务中很重要的一部分，为了更好地体现民间图书馆在公共文化服务中的重要作用，更好地探究在这个实践过程中政府购买民间图书馆服务的新发展模式，使其健康常态化发展，需要更好地借鉴政府购买图书馆服务和公共服务领域的研究。于是，笔者对以上两个方面的相关文献进行了检索和分析。

（1）国内政府购买图书馆服务的研究现状

利用中国知网期刊全文数据库（CNKI）对 2000—2016 年政府购买图书馆服务领域的研究文献进行高级检索，以主题为检索字段，检索词为“图书馆服务”并含“政府购买”，以此进行精确检索，共检索到 20 篇论文。以下对检索到的论文的关键词进行词频统计和计量分析，以展示该领域目前的研究动向，如表 1-1 所示。

表 1-1　关键词词频统计表

关键词	词频
政府购买	13
图书馆服务	7
公共文化服务	6
图书馆	5
公共图书馆	5
政府购买公共服务	4
社会力量	3
公共服务	2

续表

关键词	词频
社会组织	2
合同外包	1
非政府组织	1
图书馆运营管理	1
图书馆建设	1
监管	1
图书馆公共服务	1
政府购买服务	1
政府职能	1
服务效益	1
政府购买行为	1
交易成本	1
市场化	1
绩效评估	1
总分馆制	1
图书馆外包	1
公共图书馆服务体系	1
公共图书馆服务	1
社会力量参与	1
公共服务市场化	1
社会服务	1
高校图书馆	1
区域图书馆服务体系	1
风险防范	1
民间图书馆	1
中小城市	1
美国	1

由表 1-1 可以看出，因为“政府购买”和“图书馆服务”这两个词为检索

的主题词，因此其出现在前两位属正常现象。其余33个关键词大多涉及公共服务，图书馆的建设、管理和服务体系，社会组织和社会力量，政府购买服务的行为、交易成本、绩效评估和风险防范问题，国外经验借鉴，民间图书馆，中小城市服务购买等问题，在一定程度上可以反映出我国政府购买图书馆服务的研究热点和发展方向。比如贺伟发表的《政府购买图书馆公共服务的新尝试——以无锡新区图书馆为例》一文，通过介绍我国政府购买图书馆公共服务的购买主体、内容、动因、模式、监督和评估机制、资金筹集与支配等，分析了政府购买图书馆公共服务的效果，指出其中存在的不足之处，并提出了行之有效的应对措施，以不断完善和发展政府购买图书馆公共服务这一新型公共服务供给模式。

从当下政府购买公共服务的角度来看，尤其是在购买民间图书馆所提供的服务来看，有以公开招标和竞价招标两种方式开展的图书馆总体服务业务的采购，也有图书馆部分业务外包方面的采购。

我国公共图书馆为了更好地履行公共服务职能，一直坚持以公益性服务为宗旨，只有部分图书馆实行了部分业务外包。图书馆部分业务外包的施行，在我国已经非常常见，并且相关业内学者对图书馆对外承包业务范围进行了全面系统的分类。这些对外承包业务主要包括：图书的采编服务、图书传递与传播等图书馆传统业务，网站设计与维护、数据库建设和软件创造等与图书馆管理系统相关的服务业务，部分参考咨询和信息中介等读者服务业务，维护安全、保持卫生和后勤保障维修等物业管理业务。

我国图书馆在实行图书馆传统业务对外承包的过程中，通常会根据自身的办馆水平、服务人群、政府投资、战略目标等来确定业务外包的范围。但是一些地方的公共图书馆将部分业务外包以后，存在着图书馆其他服务业务与外包业务的有效过渡衔接的问题，难以从整体上满足自己作为公共文化机构应提供服务的要求。我国政府为了使目前图书馆无法满足公众需求的现状得以改善，开始向社会力量购买全部的图书馆服务。这些社会力量是具有一定公共文化服务资质的。例如，江苏省无锡市政府2010年为了使无锡新区公共图书馆能够更好地发展，与艾迪讯电子科技无锡有限公司签订合约，并向其购买了图书馆服务。这一模式被业界同行生动地称为智慧型图书馆的艾迪讯模式。2010年底，无锡新区图书馆荣获无锡市两馆一站考核优秀单位和中国文化部创新奖。

为了有利于公共图书馆对社会力量提供的图书馆服务及时地进行质量监督和交流指导，使得政府购买民间图书馆服务的效果更加明显，实现政府购买的最佳模式这一目的，政府要把民间图书馆的业务流程进行更深层次的服务流程规划，使其和公共图书馆的服务水平及标准规范保持一致，并将其完全纳入公共文化服务体系中来，使其健康发展。如湖南省长沙市图书馆在设计总分馆体系的过程中，提供服务监督、图书配送和业务指导等服务，同时把长沙地区目前经营状况优秀的民间图书馆纳为其分馆之一。

综上所述，对该领域的研究仍然集中在借鉴国外经验和国内购买图书馆服务过程中可能出现的问题以及相应的解决方案方面，对政府购买民间图书馆服务的研究更是少之又少。

（2）国内政府购买公共服务的研究现状

同样利用中国知网期刊全文数据库（CNKI）对2000—2016年的政府购买公共服务领域的文献进行高级检索，以主题为检索字段，检索词为“公共服务”并含“政府购买”，进行精确检索，共检索得到1325篇文献。由于检索到的文献过多，所以利用NoteExpress文献分析软件进行大量文献的批量获取、查重和保存，然后对本组文献的关键词和研究内容进行分析（如表1-2所示）。

表 1-2　关键词词频统计表

关键词	词频
公共服务	310
政府购买	287
社会组织	168
政府购买公共服务	102
政府购买服务	102
公共服务提供	77
服务工作	75
政府	73
社会管理	57
公共服务领域	57
全面深化改革	43
购买	43
公共服务项目	43
公共服务需求	43
服务供给	43
公共服务质量	40
购买方式	38
事务性管理	35
公共服务过程	33
服务采购	32
国务院办公厅	31
社会服务	29
绩效评价	28
公共服务改革	28
公共服务产品	25
组织发展	23
购买服务	22
顶层设计	22
公共服务市场化	22
社会工作服务	20
竞争性谈判	20

由表1-2可以看出，位于前两位的“公共服务”和“政府购买”依旧为检索的主题词，其余关键词大多涉及公共服务的工作、领域、项目、需求、供给、质量、过程、改革、产品和市场化方面，以及服务的采购、设计、管理、和绩效评价等。由此可以看出，无论是在“政府购买”还是“公共服务”方面，我国对其研究都较完善，主要涉及政府购买公共服务的理论基础与依据、政府购买公共服务的流程与细节研究、政府购买公共服务的典型案例研究、政府购买公共服务的经验与教训、政府购买公共服务的本质与内涵等，系统的研究体系已经基本形成。这些研究成果不仅仅对政府购买图书馆服务有着很大的效用价值，对于政府购买民间图书馆服务也有很多的启示。

国外政府既有着自己独特的购买民间图书馆服务的方式，也有一致的方案。我国政府要积极借鉴国外政府在购买民间图书馆服务方面的策略，扬长避短，形成对我国图书馆发展有利的政策制度，完善我国政府对民间图书馆服务购买的政策方针，使我国图书馆业更好更快地发展。

1.3　研究的主要内容与主要创新

1.3.1　主要内容

本书的研究目标是通过对政府购买公共服务的必要性和可行性以及对政府购买公共服务的经济效益与社会效益进行分析，总结出最适宜的政府购买民间图书馆服务模式，从而促进民间图书馆更快更好地发展。具体来讲，主要包括如下几个方面。

（1）政府购买民间图书馆服务的理论基础

本部分在具体分析了准公共物品理论、准公共文化服务理论、政府购买公共服务理论和利益相关者理论在政府购买民间图书馆服务领域的应用的基础上，对民间图书馆服务的政府购买行为做了适用性分析。笔者总结得出，我国发展公共文化服务理论是符合我国现有国情的，它不仅可以满足人们日益增长的精神文化需求，而且为我国民间图书馆事业的发展提供了理论保障与实践基础。

（2）国内外政府采购民间图书馆服务的实例研究

本部分对国内外政府购买民间图书馆服务的具体实践进行探究，总结相关经验教训，勾勒出实践研究中的一些不足之处。这为我国政府购买民间图书馆服务的发展起到了借鉴和促进作用，特别是为我国政府高效地利用民间图书馆服务，并对其实现合理采购提供了实践依据和理论基础。

（3）政府购买民间图书馆服务的服务模式

本部分主要探讨了政府采购民间图书馆服务的承载主体和工作模式，并简要论述了政府在购买民间图书馆服务中所担任的角色和进行绩效评估的责任。政府在购买图书馆服务时，应该首先明确政府、图书馆各自的职权和义务，之后再以每个图书馆为个体，对其实施不同的采购模式，从而实现合理的政府采购民间图书馆服务的模式。政府在进行民间图书馆服务购买的过程中，其在公共文化服务中所扮演的角色也随之而发生了很大的变化，实现了从财政资金的直接使用者到资金的分配者、监管者的转变；同时，也从图书馆服务的提供者转变成图书馆服务的监督者和评估者。政府在进行服务的绩效评估的时候，应该把自身放置在上述两个角色中来对服务的质量和数量进行有效评估，以实现民间图书馆的发展和政府采购民间图书馆服务的效用价值的目标。在如何安排财政支出，以及如何对服务进行监督、验收和评估等方面，政府要进行严格的把控，来保证其最佳实践的实施与完成。

（4）政府采购民间图书馆服务的保障机制

本部分在对政府购买民间图书馆服务的保障机制的含义和功能进行详细解释的基础上，详细阐述了其组织保障机制、环境保障机制、运行保障机制、监管保障机制、评估机制等构成要素。保障机制是推动政府购买民间图书馆服务的最重要的支撑条件。

（5）我国政府购买民间图书馆服务的主要障碍与对策

我国政府目前购买民间图书馆服务的主要障碍为缺少足够的法律法规作为指导、政府和民间图书馆观念陈旧、缺少对应的监督监管、社会组织机构发展不够完善、政府购买民间图书馆服务的经验不足等。我们应该认真学习法律文件，拟定特色实施计划；改变固有思想，接受新颖体制；完善购买机制，标准化购买过程；各地政府应因地制宜，开展政府购买民间图书馆服务行动；激励更多社会力量，提高信任水平；加强监督监管机制，适当引入第三方机构进行监督；增加政府财政预算，增强资金支持。

（6）政府购买民间图书馆服务过程中存在的风险及防范措施

通过分析政府购买民间图书馆服务的风险的含义及其类型，提出风险防范措施：一是要加强制度建设，确保政府成为“精明的买家”；二是要培育和规范图书馆服务市场；三是要推动公共图书馆可持续发展。

（7）政府对民间图书馆服务购买的绩效评估

对民间图书馆进行绩效评估是政府购买图书馆服务体系的重要内容，贯穿于服务购买和项目实施的全过程，对于全面衡量整体绩效、判断政策的适用性、预防产生腐败现象、评价承接主体能力等有积极的意义。开展政府购买图书馆服务绩效评估要认真对待评估指标的选择、读者与社会评估、评估结果的运用等问题。可以从健全绩效评估的制度体系、建立第三方独立评估机制、注重项目实施全过程的监督与评价、在实践过程中不断提升评估专业化水平等方面，不断加强和完善政府购买图书馆服务的绩效评估工作。

1.3.2 主要创新

本书的研究内容是在先前研究者已有研究成果的基础上进行的，并努力在此基础上进行持续探索，以期能有所创新。第一，将准公共物品理论、准公共文化服务理论、政府购买公共服务理论和利益相关者理论等经济学理论运用到政府购买民间图书馆服务的研究中来，为该领域的研究提供新思路、新方法；第二，对现有的政府进行公共服务领域购买和政府进行图书馆服务购买进行理论和实践的研究以及案例的探讨，总结出有价值的经验教训和启示；第三，针对民间图书馆服务的政府购买这一新模式，提出风险防范措施和绩效评估系统方案。

本书还从经济学和信息计量学的角度进行分析，分别探讨和研究了政府采购民间图书馆服务的内容，为本书的观点奠定了科学的研究方法和研究角度。

1.3.3 研究难点

当前，我国政府进行民间图书馆服务购买的实践还处于初级发展阶段，在具体实施方面还存在着不少困难，尤其是公共图书馆的管理体制和分级建设，在不同层级的图书馆之间建设统一的服务模式非常困难。因此，可以围绕着省市级图书馆健全的服务体系，促进各种类型图书馆协同发展，其中包括高校图书馆、专门图书馆、社区公共图书馆、省图书馆、市图书馆、企业图书馆和民间图书馆。但是，如果政府进行的图书馆服务购买以中心馆为主体，还会面临着不少总分馆带来的实际中存在的问题。所以，鉴于以上原因，政府应该选择有专业知识以及服务经验的服务机构作为其购买的中心，并充分利用市场的规律来检测、监督服务商的服务水平。

1.4 研究思路与方法

本书首先从政府进行民间图书馆服务购买实践的背景和意义入手，回顾政府购买服务的文献研究，并以准公共物品理论、准公共文化服务理论、政府购买公共服务理论为重点，结合利益相关者理论，通过对国内外政府购买民间图书馆服务实例进行典型研究，总结经验，为之后的研究奠定基础。接下来，针对政府购买民间图书馆服务的购买模式、保障机制、障碍和对策、风险和防范措施以及绩效评估进行系统论述和研究。

在研究方法方面，本书采用了定性研究与定量研究相结合的方法。对国内外政府购买民间图书馆服务采用了案例研究、比较分析研究、文献归纳法等定性研究方法；对政府购买民间图书馆服务的国内外研究现状，则采用了文献计量法等定量研究方法。

1.5　相关概念的界定

1.5.1　政府购买服务

很多科研人员对政府购买服务的定义就是公共服务合同外包，即政府以通过与营利或者非营利组织签订承包合同的形式来提供公共服务。① 由于政府购买服务在我国起步比较晚，国内很多学者对什么是政府购买服务有很大的分歧。黄荣幸认为，界定政府购买服务应该从字眼入手，明确政府购买服务与公共服务这两者的含义。为了满足公共利益的需要，向不特定的社会大众提供的兼具非营利性和非实物形式的服务就是公共服务。在明晰公共服务的前提下，可以从资金来源、购买方式、供应方角度来理解政府购买行为，即政府通过资金使用以合同形式向公共服务供应者购买公共服务的行为。因此，把政府购买服务与公共服务的概念相联系，政府购买服务就是指政府通过支出财政资金与社会组织或者个人签订契约购买具体的公共服务项目。② 笔者认为，政府购买服务是指政府通过向社会组织购买公共服务，来满足公众多元化、个性化需求的公共服务模式，目的在于改善社会治理结构，提高公共资金的使用效率。

---

① 贺羽：《关于我国政府购买公共服务的思考》，《经营管理者》2014 年第 4 期，第 291—292 页。

② 黄荣幸：《政府购买服务研究综述》，《法制博览》2015 年第 5 期，第 145—146 页。

1.5.2 民间图书馆

民间图书馆的概念随着时代的发展也在不断地变化和发展。民间图书馆在民国时期被称为私立图书馆，改革开放后其先后出现过自办图书室、自办书屋、读书社、民办图书馆、自营图书室、民营图书馆、民间图书馆等称谓。民间图书馆在某种程度上可涵盖上述概念，可作为这些概念的统一称谓。

民间图书馆在不同时代有不同称谓，但学者们对其界定主要从三个角度展开。

（1）出资主体

出资主体指民间图书馆的主要出资者。明确出资主体可厘清民间图书馆主要出资人或产权所有人，明晰其产权身份与产权归属。1921 年，杜定友提出，私立图书馆是就图书馆经费来源而言的，它可分为个人私立图书馆与团体私立图书馆：有些个人私立图书馆的书籍在停止开放后便移赠至公共图书馆，其运行方式是私人创办、公家维持；团体私立图书馆则是由社会团体私自出资开办与维持，不由公家辅助的图书馆。① 杜先生的定义表明了民间私立图书馆的产权范围比当前民间图书馆要广，当前行业协会所办图书馆基本属公立产权。1996 年，张金路提出，民办图书馆是由乡镇、村、街道及个体公民筹资兴办的读书社、公益性或半公益性图书馆等不以营利为目的的信息咨询机构。② 张金路是从出资者级别的角度来界定民间图书馆的，这种定义难以区分出民间图书馆与基层图书馆的差异。2007 年，张广钦提出，民营图书馆是由非政府机构或个人作为投资主体兴办的图书馆，具有开放性、功能性、不由政府运行与维护等特征，能开放式地向社会公众提供有序化的信息资

① 杜定友：《图书馆学概论》，上海：商务印书馆，1921 年版，第 96—97 页。
② 张金路：《民办图书馆的兴起与发展策略》，《图书馆建设》1996 年第 3 期，第 13—14 页。

源。[①] 梁灿兴在此观点的基础上进一步提出，信息资源外借和阅览是民间图书馆服务的主要内容。[②] 王玉林不仅强调民间图书馆的出资主体及提供图书馆服务等属性，还指出了民间图书馆的法定许可身份。[③]

（2）创办者身份

创办者身份主要指的是民间图书馆创办人的社会身份，这种身份既可以是个人身份、社团身份，也可以是地域组织身份或宗族身份，如自然村、行政村、氏族等。1935 年，徐旭提出，私人之发起或创设民众图书馆，及教育团体之鼓吹，或提倡民众图书馆，都为我国民众图书馆运动中的最好助力。[④] 徐先生所讲的私立民众图书馆是按创办者的个人或社团身份来确定的。2009 年，吴蜀红等提出，氏族图书馆是以姓氏为标志、由本族乡亲捐资修建、管理的图书馆，也为民营图书馆中的一种类型。[⑤] 氏族图书馆实质是按创办者宗族身份来界定的。

（3）服务社会性质

服务社会性质指民间图书馆向社会提供服务的公益属性，这一角度有利于厘清民间图书馆与民营书店之间的区别。2008 年，刘雁等提出，民办图书馆是由企事业单位、社会团体和其他社会力量及公民个人利用非国有资产创办的图书馆，民营图书馆主要指经营性的租书馆。[⑥] 刘雁等不仅强调民间图书馆出资主体的非国有特征，也强调其公益属性。

---

① 张广钦：《民营图书馆的界定、类型与研究现状》，《图书情报工作》2007 年第 1 期，第 6—10 页。

② 梁灿兴：《试析民营图书馆生存空间的特征》，《图书情报工作》2007 年第 1 期，第 15—18 页，59 页。

③ 王玉林：《关于解决民营图书馆发展法律障碍问题等建议案》，《图书与情报》2008 年第 2 期，第 37—39 页。

④ 徐旭：《民众图书馆学》，上海：世界书局，1935 年版，第 48 页。

⑤ 吴蜀红、周群：《广东开平氏族图书馆对民营图书馆发展的启示》，《图书馆工作与研究》2009 年第 10 期，第 25—27 页。

⑥ 刘雁、张志广：《对社区民办图书馆发展的一些思考》，《图书馆学刊》2008 年第 6 期，第 37—39 页，84 页。

1.5.3 政府购买民间图书馆服务

政府购买民间图书馆服务，是将政府购买服务的范围延伸到公共图书馆服务领域。在这个过程中，委托主体是政府，受托者是民间图书馆或能够提供图书馆服务的社会性组织机构，购买的产品是图书馆所提供的服务；政府通过政府财政收入对购买费用进行部分或者全部支付，并且与社会性组织机构之间形成约定。政府购买民间图书馆服务的主要目标在于以政府购买为主导，发挥民间图书馆在公共文化服务方面的优势，驱动民间图书馆服务创新，并以此来实现知识共享、共知，以达到政府、公共图书馆、民间图书馆、读者多方利益最大化。

我国正在推进政府购买公共服务的进程，购买范围已经慢慢涉及图书馆服务，民间图书馆作为图书馆的重要分支，同样属于公共文化服务范畴。公共文化建设是我国社会主义建设的重要组成部分，加强公共文化服务已成为人民生活的迫切需求。为了使公共文化机构能够满足公众日益增长的精神服务需求，更好地为读者提供相应的服务，改善公共文化服务的提供模式，我国目前有些省市政府通过购买服务的形式向公民提供服务。政府购买民间图书馆服务在我国还属于一个新生的事物，不过这并不意味着其不具有发展潜力，相反其具有巨大的效用价值。政府购买民间图书馆服务是充分利用社会组织，加强公共文化服务的良好途径，也是促进图书馆事业发展的新方式。因此，政府购买民间图书馆服务这一现象值得我们去关注和研究。政府购买服务在公共服务的很多领域已取得很好的成效，但在民间图书馆服务方面的应用还不够成熟，处于初步的实践阶段。我们应该以其他公共服务领域的经验为基础，完善政府购买民间图书馆服务的实施模式，为政府购买民间图书馆服务的美好未来助力，实现政府、公共文化机构、企事业单位三方的共赢。

第2章 政府购买民间图书馆服务研究的理论基础

政府购买公共服务是指政府通过公开招标、定向委托、邀标等形式将原来由自身承担的公共服务转交给社会组织、企事业单位履行，以提高公共服务供给的质量和财政资金的使用效率，改善社会治理结构，满足公众的多元化、个性化需求。① 政府购买服务起源于政府对管理成本和效益的反思。在计划经济时期，政府对社会服务的具体事务直接统揽，实行垄断性经营。在市场经济体制持续改革和社会化大生产的影响下，我国政府的社会管理职能不断加强。在公共服务领域，政府更是力图通过社会财富的二次分配调节缓和社会矛盾，也因此形成了政府直接提供公共产品和服务的社会公共服务体制。然而，随着全球化进程的加快和市场经济的进一步发展，这种社会公共服务体制的弊端逐渐凸显：由政府直接提供的社会公共服务往往存在缺乏经济观念、不讲究投入与产出的效益等缺点，也容易造成服务质量和效率的低下。

---

① 徐家良、赵挺：《政府购买公共服务的现实困境与路径创新：上海的实践》，《中国行政管理》2013年第8期，第26—30页。

民间图书馆作为向社会公众提供公共服务的社会组织，往往能够弥补公共图书馆覆盖面不足的劣势，与公共图书馆互通有无，优势互补。伴随着公众日益增长的精神文化需求，以往对于公共文化事业具体事务大包大揽的政府对提供社会公共服务这一块逐渐变得力不从心。政府购买民间图书馆服务不仅可以节约成本、提高服务质量和水平、发挥资源的最大价值，更能够将民间图书馆吸纳到公共图书馆体系中来，完善公共图书馆服务。然而，目前我国政府购买民间图书馆服务的实践仍然比较匮乏，而且实践的运行离不开理论支撑，因此我们需要从理论角度重新审视政府购买民间图书馆服务的必要性和可行性。

2.1 准公共物品理论

在搞清楚什么是准公共物品理论之前，我们有必要先了解一下什么是公共物品。公共物品是相对于私人物品而言的，属于同一范畴的名词。1954 年，Samuelson 第一次在经济学领域提出了公共物品这个概念。他认为公共物品是指每个人都享有同等的消费权利，不会因为一个人使用使得其他人不能使用该产品。① 之后，人们不断研究和完善 Samuelson 的理论，Musgrave 等人逐步总结得出了公共物品的两大特性，即消费的“非竞争性”与“非排他性”。② 消费的非竞争性是指新增加的消费者不会影响原有消费者的消费水平，即不会减少任何一个人对该产品的消费数量和质量，换句话说就是增加消费者的边际成本为零。消费的非排他性是指不可能存在有人不能消费的公共物品。

---

① Samuelson, PA. , “The Pure Theory of Public Expenditure,” *The Review of Economics and Statistics*, Vol. 36, No4 (Nov., 1954), pp. 387—389.

② Musgrave, RA., *The Theory of Public Finance: A Study in Public Economy* (New York: McGraw-Hill, 1959), p. 10.

从以上两人的观点可以看出，Samuelson 的观点过于严苛，他主张在一个集体里所有的成员都享有均等的消费权，如果其中的某个体享有 1000 元的消费权，那么群体中的其他任何人都应该享有同等的消费权。也就是说，所有的人都可以消费同等数量的公共物品并且从中获得消费所带来的好处。Samuelson 的定义以及非竞争性与非排他性的双重属性一直被一些学者所质疑。Margolis 认为 Samuelson 所定义的公共物品根本无处可寻。① Musgrave 的观点是相对于 Samuelson 的观点的补充说明。Musgrave 的观点是公共物品是非竞争性消费物品，它通常还具有消费的非排他性。也就是说，公共物品一旦被生产出来，每增加任何人的消费都不会减少其他人对它的消费。虽然他们的观点已经成为经济学领域的正派理论，但在随后的经济社会发展以及理论体系的建立健全中，公共物品也表现出其他特性，如不可分割性（指公共物品是向整个社会提供的，而不是将其分割成若干部分，分别被个人或集体消费）和非营利性（指公共物品的提供者不以营利为目标，而是寻求将该公共物品的社会利用率最大化）。人们将不可分割性和非营利性两大特性补充进来，形成了一套符合时下经济形势的公共物品理论体系。

公共物品是属于经济学范畴的概念。根据经济物品的分类和以上的论述我们可以知道，公共物品的概念具有广义和狭义之分。狭义的公共物品是指纯公共物品，即那些既具有非排他性又具有非竞争性的物品。典型的纯公共物品有国防、公共安全等。一个国家的居民可以均等地享受该国提供的国防、公共安全服务；同时，居民不会因为这个国家的人口变化而减少享有这些公共服务的权利。② 广义的公共物品是指那些具有非排他性或非竞争性的物品，一般包括俱乐部物品或自然垄断物品，公共池塘资源或共有资源，以及狭义的公共物品三类。经济学家从物品的非竞争性以及非排他性两方面来区分公

---

① Margolis J.，"A Comment on the Pure Theory of Public Expenditure，" *The Review of Economics and Statistics*，Vol 37，No4（Nov.，1955），pp. 347—349.

② 祁宝忠：《地方政府公共服务创新能力影响因素的研究》，华南理工硕士学位论文 2012 年。

共物品与私人物品。然而在现实生活中，有一些物品并不能同时具备或同时没有这两种特性，而是介于两者之间，如博物馆、营利性图书馆、高速公路等就难以严格地定义为公共物品或者私人物品。所以，有学者就引入一个新的概念：准公共物品。准公共物品是具备非竞争性或非排他性的物品，一般具有两个特性：一是公共生产，即政府统一征税、免费提供；二是由政府生产但可适当收费，即政府直接提供，但必须能对直接消费的消费者收取一定的费用，以较低的价格鼓励消费者消费。

公共物品也存在一些资源配置的问题，如著名的“搭便车”问题、排他成本问题、“公地悲剧”问题和融资与分配问题。“搭便车”问题最早由奥尔森①提出，它指的是消费者享受到与支付者完全等价的物品效用而不需要支付任何费用。这个问题影响了公共物品供给成本分担的公平性，以及公共物品能否持久供给等问题。一般情况下，“搭便车”包含两种情形：一是享受到组织提供的种种权利后丝毫不尽个人对组织的义务；二是在此时此处享受到组织提供的权利后，没有在此时此处尽义务，而是在其他时间或地点尽了义务。② 排他成本问题则是公共物品非排他性的延续。纯公共物品与公共池塘资源等由于排他成本高而具有不可排他性。非排他性的原因主要集中在这三点上：经济成本、技术成本和制度成本。然而，布坎南在其俱乐部物品理论中说，一些广义的公共物品可以做到有成本排他，这类物品即消费者能够并且愿意支付一定的费用来使用的在一定程度上有排他性的物品。相对于纯公共物品无限的消费主体，俱乐部物品的消费主体是有限的。“公地悲剧”问题首先由哈丁提出，他在 The Tragedy of the Commons 一文中首先提出“公地悲剧”理论模型。文中描述了这样一种场景：作为理性人，每个牧羊者都希望自己的收益最大化。在公共草地上，每增加一只羊会有两种结果：一是获得

---

① ［美］曼瑟尔·奥尔森：《集体行动的逻辑》，陈郁、郭宇峰、李崇新译，上海：上海人民出版社，1994 年版。

② 王广正：《论组织和国家中的公共物品》，《管理世界》1997 年第 1 期，第 209—212 页。

增加一只羊的收入；二是加重草地的负担，并有可能使草地被过度放牧。经过思考，牧羊者决定不顾草地的承受能力而增加羊群数量，于是他便会因羊只的增加而收益增多。看到有利可图，其他牧羊者也纷纷加入这一行列。由于羊群的进入不受限制，所以牧场被过度使用，草地状况迅速恶化，于是悲剧就这样发生了。资源或财产有许多拥有者，他们中的每一个人都有权使用资源，但没有权力阻止他人使用，由此导致资源的过度使用，即为“公地悲剧”，如草场被过度放牧、海洋资源被过度捕捞等。它常常被形式化为囚徒困境的博弈，其博弈均衡结果基本不是帕累托最优结局，相反，个人理性的博弈过程与战略选择却导致了集体行动的悖论。

通过上述理论可以看出，民间图书馆服务不能同时具备非排他性和非竞争性，它属于准公共物品范畴。随着社会的发展，人们对信息资源以及知识的获取量与日俱增，但是公共图书馆的配置与人们的需求却呈现不对等状态，因此建设好民间图书馆可谓是利国利民的一大举措。目前，我国民间图书馆办馆模式雷同，作为民间图书馆可持续发展重要资源的社会资本发育还很不成熟，而且社会力量各自为政，缺乏与政府职能部门或公共图书馆的有效沟通和合作。① 由于资金缺乏、资源配置落后、书报刊难以及时更新等问题，民间图书馆的生存出现了很大的困难，大批民间图书馆面临倒闭的窘境。但是，民间图书馆分布广泛、用户群体较为固定、馆藏具有特色等优势使得其对于完善公共图书馆服务体系具有巨大优势。政府可以通过购买民间图书馆服务，以间接资金扶持的方式扶持民间图书馆的发展，为其发展注入一股更为稳定的力量，保障其可以在健康的环境下持续发展。这一举措不仅符合十九大提出的文化建设要求，更为我国基础公共文化建设提供了有力保障。

---

① 周倩：《他山之石，可以攻玉——国内外社会力量援助图书馆之考察》，《图书与情报》2008 年第 1 期。

2.2 新公共文化服务理论

2.2.1 新公共文化服务理论

产生于20世纪70年代的新公共管理理论为政府改革注入了新鲜血液，成为20世纪七八十年代以来公共行政领域最引人注目的理论。随着新公共管理理论的深入推广，许多学者和实践家对管理对象与管理者的角色产生了质疑。新公共服务理论就是在对新公共管理理论的反思与批判中产生和发展起来的。所谓新公共服务，指的是关于公共行政在以公民为中心的治理系统中所扮演的角色的一套理念。① 新公共服务理论的代表人物是美国行政学者珍妮特·V. 丹哈特（Janet V. Denhardt）和罗伯特·B. 丹哈特（Robert B. Denhardt）。2002年，丹哈特夫妇在新公共服务的当代先驱理论（包括民主社会的公民权理论、社区和市民社会的模型、组织人本主义和组织对话理论）的基础上，根据他们的理解提出了新公共服务的主要原则。② 这些原则主要包括七个方面。第一，政府的作用是服务而不是掌舵。这条原则在丹哈特的观念中是最突出的原则。公共管理者日益增长的重要作用在于帮助公民表达和实现他们的共同利益，而非试图在新的方向上控制或驾驭社会。第二，公共利益是目标，而不是副产品。公共管理者必须致力于建立集体的、共享的公共利益观念，这个目标不是要在个人选择的驱使下找到快速解决问题的方案，而是要创造共享利益和共同责任。在这个过程中，政府需要确保经过这些程序产生的解决方案完全符合公平正义，并积极地为公民提供参与的平台。第

---

① 丁煌：《政府的职责："服务"而非"掌舵"——〈新公共服务：服务，而不是掌舵〉评介》，《中国人民大学学报》2004年第6期，第151—152页。

② 罗伯特·B. 丹哈特、珍妮特·V. 丹哈特：《新公共服务：服务，而非掌舵》，《中国行政管理》2002年第10期，第15—18页。

三，战略地思考，民主地行动。通过集体的努力和合作，满足公众需求的政策和计划，能够最有效和最负责地被贯彻实施。为了实现集体的远景目标，在具体的计划实施过程中，依然需要公民的积极参与，使各方的力量集中到执行过程中去，从而迈向预期的理想目标。通过参与和推动公民教育计划，培养更多的公民领袖，政府就可以激发公民的自豪感和责任感。第四，服务于公民，而不是顾客。公共利益产生于有关共享价值的对话协商，而不是个体自我利益的整合。因此，公务员不仅仅要回应“顾客”的需求，而且更要关注建设政府与公民、公民与公民之间的信任与合作关系。第五，责任并不是一个单一的概念。新公共服务要求公务员不应当仅仅关注市场，他们也应该关注宪法和法令，关注社会价值、政治行为准则、职业标准和公民利益。新公共服务理论意识到了这些责任的现实性和复杂性。第六，重视人的价值，而不仅仅重视生产力的价值。新公共服务理论家在探讨管理和组织时十分强调通过人来进行管理的重要性。如果他们基于对所有人的尊重，通过合作过程与共享领导来运作，那么，公共组织及他们参与其中的网络从长期来看将运作得更为成功。在新公共服务理论家看来，如果要求公务员善待公民，那么公务员本身就必须受到公共机构管理者的善待。第七，尊重公民与公共服务的价值重于企业家精神的价值。新公共服务理论明确提出，公共行政官员并不是其机构和项目的业务所有者，政府为公民所有，公共利益会因为公务人员和公民承诺对社会做出富有成果的贡献而更好地增进，而不是因为具有企业家精神的管理者把公共资产当作自己的私人财产来处理而得到增益。

通过对丹哈特夫妇关于新公共服务理论的详细阐述可知，公共文化作为公共管理的重要组成部分，为后来学者对于公共文化服务理论的研究与发展奠定了基础。该理论详细地阐述了公共文化服务的本质、目的、战略、服务对象、责任、着重点、性质等方面的问题，为之后工作的实施开展提供了理论依据。根据上述丹哈特夫妇的观点可以得出，发展好公共文化服务有利于改善民生问题，培养公民对国家的责任感。

公共文化是文化在特殊领域的一种表现形式，在不同的语境下其被赋予的内涵和指代均有所差异。在我国语境中，公共文化指政府举办的、非营利的、传播先进文化和保障大众基本文化需求的各种文化机构、产品和服务的综合，具有公益性、基本性、均等性和便利性等特征。因此，国内专家学者对于公共文化的界定是，国家公共部门提供的、以保障公众基本权利为前提、以满足公共文化需求为主要目的、以传播人类文化成果为基本职责的、能够促进社会进步和实现个人精神文化追求的一切有益的社会信息总和。[①] 民间图书馆虽然并不是由政府直接出资的，运营主体也往往是民间个人或团体，但是从公共文化的定义来看，民间图书馆所提供的服务仍属于公共文化的范畴，它提供的服务无论是营利的还是非营利的，其满足社会公众文化需求的目标是不会改变的。因此，从公共文化理论的角度来看，政府购买民间图书馆服务是为了更好地发挥其面向公众提供公共文化服务的功能，同样体现了政府提供公共文化服务的职能。

我国一些专家学者从公共物品的角度对新公共文化服务理论做出了阐释。陈威认为，公共文化服务就是以满足社会成员的基本文化需求为目的，由公共部门或准公共部门共同生产或提供，着眼于提高全体公民的文化素质和文化水平的公共产品。[②] 曹爱军和杨平共同指出，公共文化服务是满足社会的公共文化需求，向公众提供公共文化产品和服务的行为及其相关系统和制度的总称。[③] 周武旺指出，公共文化服务是指为满足国民基本文化需求，由政府及文化服务部门为国民提供公共文化产品或服务的全部制度的总称。[④]

综合以上中外大家对新公共服务理论的研究结论，笔者认为，我国发展公共文化服务理论是符合我国现有国情的，可以在文化方面满足人们日益增

---

① 陈信、邹金汇、柯岚馨：《我国基本公共文化服务的理论根源和现实依据》，《国家图书馆学刊》2015 年第 2 期，第 18—23 页。

② 陈威：《公共文化服务体系研究》，深圳：深圳报业集团出版社，2006 年版，第 16 页。

③ 曹爱军、杨平：《公共文化服务的理论与实践》，北京：科学出版社，2011 年版，第 23 页。

④ 周武旺：《公共文化服务均等性研究》，湘潭大学学位论文 2012 年。

长的精神文化需求，同时也为我国民间图书馆事业的发展提供了理论保障与实践基础。

2.2.2 新公共文化服务理论下的民间图书馆

2005 年，《中共中央关于制定国民经济和社会发展第十一个五年规划的建议》提出，国家支持和保障文化公益事业；十七大报告中明确指出，“坚持把发展公益性文化事业作为保障人民基本文化权益的主要途径，加大投入力度，加强社区和乡村文化设施建设”；《文化部“十二五”时期公共文化服务体系建设实施纲要》中提到，公共文化服务体系是以公共财政为支撑，以公益性文化单位为骨干，以全体人民为服务对象，现阶段以保障人民看电视、听广播、读书看报、进行公共文化鉴赏、参与公共文化等基本文化权益为主要内容，向社会提供基本的公共文化设施、产品、服务及制度体系的总称，其建设基本思想是“政府主导、坚持公益”“保障基本、促进公平”“统筹城乡、突出基层”“呈现机制、强化服务”①。国家在很多重大会议中都对文化事业的发展提出了要求与指导方针，可见国家对于改善居民的文化氛围、增强国民文化素质修养的决心。作为基础公共文化建设的重要组成部分，政府有必要且应当重视民间图书馆的建设和发展，并投入相应的精力对其进行管理和维护。

2.3 政府购买公共服务理论

20 世纪 70 年代以来，汹涌澎湃的行政改革浪潮在世界范围内掀起，各国都在探索如何提高政府行政效率和公共服务供给质量，并达到降低行政成本的目的。政府购买公共服务就是这场行政改革过程中出现的政府治理新手段。

① 陈昊琳：《基本公共文化服务：概念演变与协同》，《国家图书馆学刊》2015 年第 2 期，第 4—9 页。

政府购买公共服务是一项社会福利制度方面的改革，主要是指政府在社会福利方面，改变了原来对非营利社会服务组织的经济支持方式，通过竞投和契约的方式，鼓励不同的社会服务机构参与竞争，来达到提升服务品质、提高社会服务组织效率的目的。①

近年来，随着服务型政府建设的加快和公共财政体系的不断健全，政府购买公共服务这种新型公共服务模式也成为政府提供社会公共服务最主要也是最重要的模式之一。目前，国内外学界对政府购买公共服务的内涵界定尚不明确，普遍认为，政府购买公共服务就是公共服务外包，即政府通过与营利或非营利机构签订合同的形式来提供公共服务。② 我国学者对政府购买公共服务的相关表述很多，大多数观点相同。虞维华认为政府购买公共服务是政府与营利、非营利部门或其他政府部门签订契约，由政府确定服务的种类及品质，向委托者支付全部或部分公共服务。③ 李慷认为政府购买公共服务是政府部门为了履行服务社会的公共职能，提供政府财政向各类社会服务机构直接购买来实现政府财政效力的最大化行为。政府购买服务是遵循市场的基本原则，最有效地满足社会公共需求的重要途径。④ 陈锦梅等认为政府购买公共服务是由政府将关乎社会发展和人民日常生活的相关服务交给有资质的社会组织来完成，并根据社会组织提供服务的数量和质量，按照一定的标准进行评估后支付费用的行为，是一种“政府承担、定项委托、合同管理、评估兑现”的新型政府提供公共服务方式。⑤ 郑卫东认为，政府购买服务包含如下元

① 朱眉华：《政府购买服务——一项社会福利制度的创新》，《社会工作》2004 年第 8 期，第 8—11 页。

② 萨瓦斯：《民营化与公私部门的伙伴关系》，北京：中国人民大学出版社，2003 年版，第 129 页。

③ 虞维华：《政府购买公共服务对非营利组织的冲击分析》，《中国南京市委党校南京市行政学院学报》2006 年第 4 期，第 46—51 页。

④ 李慷：《关于上海市探索政府购买公共服务的调查与思考》，《中国民政》2011 年第 6 期，第 23—25 页。

⑤ 陈锦梅、吴文兴：《关于政府购买服务问题的思考》，《经济研究参考》2010 年第 44 期，第 30—33 页。

素：政府购买服务的委托主体是政府，受托者是营利、非营利组织或其他政府部门等各类社会服务机构；政府以履行服务社会公众的责任与职能为目的，承担财政资金筹措、业务监督及绩效考评的责任。①

西方国家政府购买公共服务的发展较为成熟，其根据各国的政府经济体制和文化传统的特点，发展出了四种不同的模式。一是以英美为代表的盎格鲁—萨克逊（Anglo Saxon model）模式，又称新美国模式。这一模式的主要特征在于以市场经济为导向，以个人主义和自由主义为基本理论依托，鼓励社会各组织参与公共服务提供的竞争，以此促进公共服务供给的高效灵活。二是以德法等国为代表的莱茵模式，又称欧洲大陆模式。其主要特征在于有限制的市场化导向，坚持市场自由竞争原则与适当的国家干预相结合，只在部分公共服务领域，以政府购买的形式提供服务。三是以北欧国家为代表的福利国家模式。其主要特征在于政府通过高税收—高福利的模式来提供社会公共服务。政府是公共服务的主要提供者，但并非直接提供公共服务。政府通过代理机构行使其公共服务职能，即在法律管制下承担公共服务职能的公营单位为公众提供公共服务，政府的职责在于有效监督代理机构。四是以东亚国家为主的东亚模式。其主要特征在于政府对公共服务领域的直接干预②，政府仍是公共服务的供给主体，市场化程度较低。

在政府购买公共服务范围的问题上，学术界存在不同看法。普遍观点是，不是所有的服务都适合外包，能否外包需要有一定的判定标准。句华对西方国家购买公共服务的适用范围进行了研究，并做出总结归纳，认为判定标准有两类：一类以价值判断作为划定外包范围的标准，代表性观点包括以是否是政府核心职能来划定外包范围和以服务者的动机划定外包范围；另一类以

① 郑卫东：《城市社区建设中的政府购买公共服务研究——以上海市为例》，《云南财经大学学报》2011 年第 1 期，第 153—160 页。

② 刘晓苏：《国外公共服务供给模式及其对我国的启示》，《长白学刊》2008 年第 6 期，第 38—41 页。

服务本身的特性作为划定外包范围的标准，代表性观点包括服务质量度量的难易程度、资产专用性、服务的可描述性、监督的难易程度及竞争的程度。①

综上可知，政府购买民间图书馆服务是一种政府出钱，与相关社会组织按照签订的公共服务合作协议建立合作的契约化公共服务管理模式。虽然政府出资不是为了与社会组织建立某种雇佣关系，但这并不意味着政府或者民间图书馆运营主体完全失去了对民间图书馆的管理。虽然政府和社会组织之间互不干扰，社会组织自主决策、自承责任、自担后果、自负盈亏，但政府要根据协议对社会组织进行监督，根据运行成果对社会组织提供的服务进行评估。民间图书馆作为公共物品的一部分，同时也是公共文化建设的一个重要分支。就我国加强政府购买公共服务这一举措来看，政府购买民间图书馆服务的事宜应该提上日程，对于政府购买民间图书馆服务的研究需要予以重视。

民间图书馆是公共图书馆的有力补充，同样肩负着收集、整理、保存、传播文献并丰富和活跃人民群众文化生活的重任。政府推出购买民间图书馆相关服务的政策，可以使民间图书馆的作用得到更好的发挥：一方面可以促使图书馆提高服务质量；另一方面可以降低服务的成本，有效利用财政资金，取得最佳的性价比效果。不仅如此，由于社会资本的介入，民间图书馆的横向关系网络扩大，滋养了更为广阔的合作，从而为民间图书馆的可持续发展提供了保障。② 图书馆作为提供公共文化服务的一个重要场所，可以满足人们的文化需求。随着社会的进步、时代的变迁，图书馆的服务内容也不断深化，它成为一个可以提供知识交流、文献资料借阅、专利查新的机构。同时，由于物理空间比较大，它还可以承办一些公益讲座、技能培训等活动。

民间图书馆不同于公共图书馆，其管理形式多样化，更容易满足附近居

① 句华：《公共服务合同外包的适用范围：理论与实践的反差》，《中国行政管理》2010 年第 4 期，第 51—55 页。

② 胡洪彬：《社会资本与民间图书馆可持续发展》，《图书馆杂志》2011 年第 4 期，第 7—11 页。

民的需求且不必有很庞大的馆藏。就目前的情况来看，我国民间图书馆的生存面临很大的挑战。据知网数据不难发现，政府购买民间图书馆服务已成为很多专家学者共同关注的热点。众所周知，政府的职能不单单体现在政府购买公共服务这一方面，由于地区发展存在较大差异、政府财政有限，做好购买民间图书馆服务这项工作面临很多难题。如何购买，购买后怎样落实，怎样使得政府财政效益最大化等问题也需要专业人员进行研究评估。本书将在接下来的部分对以上问题进行研究与探索。

2.4　利益相关者理论

利益相关者理论自 20 世纪 60 年代产生以来，在西方国家曲折发展。80 年代初期，随着企业与社会伦理观的发展，利益相关者问题受到重视并发展壮大，开始影响英美等国公司治理模式的选择，促进了企业管理方式的转变。目前，利益相关者研究的主体是利益相关者理论的管理理论研究，利益相关者的研究文献大多与此相关。多数学者选择围绕以下两个问题展开：一、定义利益相关者；二、对利益相关者进行分类，并确定不同类型利益相关者之间的关系。

可以从宏观、中观、微观三个层面定义利益相关者。宏观层面：凡是能够影响企业目标的实现或者被企业目标的实现过程所影响的个人或团体都是企业的利益相关者。该定义的范围最为宽泛，以 Freeman（1984）为主要代表。他将利益相关者界定为“能够影响组织目标实现或者能够被组织目标实现所影响的任何个人或群体”①。中观层面：和企业有联系（或者依存于企业，或者为企业所依存，或者与企业相互依存）的个人或团体均为企业的利益相关者。该定义以 Carroll（1993）为代表，他将利益相关者定义为，“在

① R. Edward Freeman, *Strategic Management*: *A Stakeholder Approach* (Boston: Pitman, 1984).

business 中投有一种或者多种‘赌注’，能够影响企业或者被企业影响的个人或者团体”。微观层面：只有在企业中下了“赌注”，或者对企业有权益要求，或者承担了企业经营风险的个人或者团体才是企业的利益相关者。其范围最窄。以 Clarkson（1994，1995）的定义为代表，他认为利益相关者是那些已经在企业中投入了一些实物成本、人力资本、金融资本或者一些有意义的价值物，并因此承担了一定的风险的人或团体。或者说，他们因企业活动而承担风险。宏观、中观和微观三个层面对利益相关者的定义共同构成了一个较为完整的利益相关者概念。

现有对利益相关者的分类方法有两大类：多维细分法和属性分类法。

多维细分法，即从一个或多个不同维度对企业利益相关者进行细分，具有代表性的观点有以下几种：弗里曼（1984）从所有权、经济依赖性和社会利益三个角度将利益相关者分为对企业拥有所有权的利益相关者（包括持有公司股权的管理者、董事与股东等）、与企业在经济上有依赖关系的利益相关者（主要有公司管理者、客户、供应商等）、与公司在社会利益上有关系的利益相关者（包括特殊利益团体、政府的各级管理机构等）。弗雷德里克（1988）按照利益相关者与企业的利益关系及对企业的影响程度将利益相关者分为直接利益相关者（包括股东、债权人、员工、代理商、供应商、同行业及潜在的竞争者等）和间接利益相关者（包括政府、公众与媒体等）。查克汉姆（1992）按照利益相关者与企业之间是否确实存在一种市场性的合同关系，将利益相关者分为契约类利益相关者和公众类利益相关者。前者包括股东、雇员、顾客等，后者包括消费者、政府部门、当地社区等。克拉克森（1994，1995）按照企业利益相关者对公司的态度或行为提出了两种典型的分类方法。一类根据相关群体在企业经营活动中承担的风险的种类分为自愿型利益相关者和非自愿型利益相关者；另一类根据相关群体与企业联系的紧密程度分为首要型利益相关者和次要型利益相关者。这些研究从多个角度加深了公众对企业利益相关者的认识，但是以上研究都停留在既定思维框架中，缺乏实际操作性，制约了利益相关者理论在企业经营管理与决策中的实际应用。

属性分类法，又叫米切尔评分法，由米切尔等人（1997）提出。20 世纪 90 年代后期，美国学者米切尔、阿格尔和伍德提出了米切尔评分法。他们根据权力性、合法性、紧迫性的不同，将利益相关者分为七种类型，认为企业利益相关者中权力更大、合法性更强、紧迫性更高者受管理者关注的程度更高。而且随着力量、合法性、紧迫性的变化，利益相关者会从一种类型转变成另一种类型。更确切地说，米切尔将企业利益相关者细分为以下三种类型：确定型利益相关者、预期型利益相关者和潜在型利益相关者。同时拥有合法性、紧迫性与权力性，即为确定型利益相关者，典型的确定型利益相关者主要有股东等；与企业保持紧密联系，并拥有三属性之二的，即为预期型利益相关者；只拥有一种属性的，是潜在型利益相关者。米切尔等人提出的利益相关者界定理论把对利益相关者的研究从思辨式研究延伸到实证研究上，开创了利益相关者实证研究的先河。相对于多维细分法来说，属性分类法更具有动态性和可操作性，并逐渐成为利益相关者分类的常用方法。①②

除了这两类方法外，我国学者陈宏辉③借鉴多维细分法和米切尔评分法的研究思路对我国企业利益相关者的分类问题进行了实证研究。陈宏辉的研究从主动性维度、重要性维度和紧急性维度将我国企业十种主要利益相关者细分为核心型利益相关者、蛰伏型利益相关者和边缘型利益相关者三种类型。

长久以来，图书馆学专家学者始终强调“用户第一”“用户至上”，强调尽一切所能满足用户需求，与此同时强调图书馆员主体地位的呼声也不绝于耳。但是无论是用户还是图书馆员，他们都局限于图书馆这一环境中，是图书馆微观层面的利益相关者。事实上，图书馆作为一个组织机构，无论是有

---

① 江若玫、靳云汇：《企业利益相关者理论与应用研究》，北京：北京大学出版社，2009 年版，第 6—8 页。

② 陈宏辉：《利益相关者利益要求：理论与实证研究》，北京：经济管理出版社，2004 年版。

③ 陈宏辉：《企业的利益相关者理论与实证研究》，浙江大学学位论文 2003 年。

独立法人地位的公共图书馆，还是不具有独立法人地位的高校或者机构内图书馆，都是整个社会的构成单元。与企业利益相关者一样，图书馆不可能仅有读者和馆员两类利益相关者，更不能片面强调单一利益相关者的权益。因此，在图书馆管理中引入利益相关者理论有利于图书馆认清其生态环境，推动社会合作，加强管理，改进服务。①

图书馆作为社会公共服务的一环，作为整个社会系统中的元素，必然与社会其他组织机构产生或多或少的联系。民间图书馆，由于其创办主体、资金来源具有多样性和不确定性等特点，为了自身的可持续发展，它必然要优化自身与周围环境的关系，争取获得更多支持。在这一层面上，政府也是民间图书馆的利益相关者之一。民间图书馆作为公共图书馆的补充，极大地推动了图书馆事业的发展。民间图书馆由于不受政府区域的限制，根据市场需求完善了图书馆服务区域，而且一些有个性或者拥有专业价值藏书的民间图书馆为特殊读者提供了有针对性的服务，为读者服务的同时也承担了基层社会组织精神文化建设的职能。民间图书馆所发挥出的这些优势使得政府意识到民间图书馆对于完善公共图书馆系统的重要作用。但是，民间图书馆面临的资金匮乏、人员缺乏、主体身份不明确、有效约束缺乏、没有行业规范和业务标准等困境在很大程度上限制了其发展。② 因此，政府作为民间图书馆的利益相关者，可以将民间图书馆作为完整的公共图书馆服务系统的补充，通过购买民间图书馆服务，有效提高民间图书馆的服务质量和水平。

---

① 李宏荣、练六英：《利益相关者理论视角下的图书馆社会合作研究》，《图书馆论坛》2010年第30期，第91—95页。

② 田利：《政府购买民间图书馆服务研究》，《图书馆》2016年第1期，第31—34页。

2.5 政府购买民间图书馆服务的适用性

在国外，图书馆主要通过业务外包和委托经营等方式开展服务。在我国，政府通过购买，引入民营阅读组织参与图书馆管理和运营的方式，实现了政府、图书馆和民营阅读组织的多赢。政府从“办文化”向“管文化”转变，缓解了政府的压力，扶持了民营阅读组织的发展，同时为图书馆服务注入了新的活力。

政府向社会组织购买公共服务是指“政府将原来由政府直接举办的、为社会发展和人民日常生活提供服务的事项交给有资质的社会组织来完成，并根据社会组织提供服务的数量和质量，按照一定的标准进行评估后支付费用，是一种‘政府承担、定向委托、合同管理、评估兑现’的新型政府提供公共服务方式”①。从国外和我国政府购买图书馆服务发展的实践来看，以购买对象来分，目前政府购买公共图书馆服务可以分为很多类型，如业务外包（包括采编外包、数据库建设外包、电子阅览室管理外包等）、政府特别资助（包括政府资助民间图书馆、大学图书馆社会化开放等）、政府直接资助（政府通过直接拨款给图书馆，对图书馆短期或者长期项目进行资金资助）、政府购买图书馆管理和运营（将图书馆管理、运营外包给企业或者民营阅读组织等）。这些类型彻底改变了过去完全由政府直接兴办图书馆的做法，鼓励和支持文化企业参与公共文化服务。②

解决民间图书馆面临的最大难题——资金来源问题，实现民间图书馆的可持续发展，其中一个方式就是争取政府的资助。无论是经营性的民间图书

① 陈锦梅、吴文兴：《关于政府购买服务问题的思考》，《经济研究参考》2010 年第 44 期，第 30—33 页。

② 关思思：《政府购买公共图书馆服务的适用性研究》，《图书馆建设》2015 年第 7 期，第 4—9 页。

馆还是公益性的民间图书馆，通过与政府合作的方式，接受政府的项目购买或资助，都能为其自身的可持续发展创造一条新路。民间图书馆通过政府购买服务，可为自身发展注入一股可持续发展的力量，同时也可提高其服务质量和水平。政府购买民间图书馆服务并不意味着民间图书馆丧失原有对图书馆经营的主体地位或者经营特色，不同类型、不同规模的民间图书馆可以在保持自身特色的前提下，有选择性地接受政府购买的服务项目，至于接受购买的服务项目占民间图书馆服务项目的比重，则可以完全取决于民间图书馆自身的经营状况。

这种灵活的合作模式，对于民间图书馆和政府来说都是双赢的选择。一方面，民间图书馆可以通过政府购买服务获得较为稳定的服务项目支持，这对于资金来源不稳定的民间图书馆来说至关重要，与此同时服务质量和水平的提升可以更好地实现民间图书馆的社会价值。另一方面，对于政府来说，长久以来其作为公共事业的主导者，承担着为社会公众提供优质公共服务的职能，但是随着社会的发展，公众对于公共文化服务的需求日益增长，政府对提供所有的公共文化服务已经逐渐感到力不从心。管理的混乱和服务水平的下降，更会导致政府和社会中有能力承担公共文化服务的组织的共同资源浪费。政府通过购买民间图书馆服务，不仅可以更好地实现宏观调控的功能，将民间图书馆吸纳到社会公共文化服务系统中，还能更好地发挥民间图书馆作为公共图书馆系统补充的作用。

民间图书馆服务的提供者可以是各类社会服务组织，这些组织可以是营利的，也可以是非营利的。它们通常具有专业的业务能力、充足的人力资源、先进的资源设备以及科学的管理方式，能够很好地提供图书编目、阅读指导等专业性的图书馆服务，所提供的图书馆服务具有一定的质量保证，甚至超过某些公共图书馆的服务水平。政府购买这些组织的图书馆服务，可以提高图书馆服务效率，充分发挥民间图书馆的社会效应。

第 3 章　国内外政府购买民间图书馆服务的实践

20 世纪 70 年代末，全世界范围内掀起了行政改革的浪潮，其主要是探索提高政府行政效率和公共服务质量、降低行政成本的行政改革途径。行政改革浪潮中出现的政府治理的新元素——政府购买公共服务应运而生。近年来，社会公众对公共文化产品的需求越来越强烈，并且当前图书馆公共服务体系存在一些缺陷，各地政府开始尝试与社会力量进行合作，购买所需的图书馆有关服务。①

近年来，随着民间图书馆的不断发展，国内外对于政府购买民间图书馆服务的理论与实践的探索也如火如荼地展开。本章对国内外政府购买民间图书馆服务的实践进行了梳理。

---

① 王春婷：《政府购买公共服务研究综述》，《社会主义研究》2012 年第 2 期，第 141—146 页。

3.1 国内实践及经验

政府购买图书馆公共服务的原因是多种多样的。传统图书馆公共服务供给方面的缺陷使得图书馆发展面临困境，社会力量的介入能够让图书馆重新充满活力。在这种背景下，我国公共服务供给模式不断改革，政府也出台了相关政策以支持政府购买公共服务的发展。

2003 年左右，我国上海、北京等地的政府部门增加了对公共服务的购买，这一举动是政府实施健全公共服务提供模式的第一步。在这种模式中，政府部门并不直接参与社会管理，也不履行服务职能，其工作重点放到规划发展方向、选择服务标准和方式及加强监管等方面。

20 世纪 90 年代末，我国民间图书馆的建立和发展问题开始被国内图书馆业内人士关注，相关研究也在不断深入，民间图书馆的发展势头十分迅猛。但随着民间图书馆的快速崛起，其发展中的不足之处也开始显现，如在资金运转、内部管制及国家政策支持等很多层面都遇到了障碍。民间图书馆的可持续发展问题成为专家们关注的重点，学者们对此进行了深入研究。研究认为，要解决民间图书馆的资金来源问题，实现民间图书馆的可持续发展，其中一个重要方式就是争取政府的资助，走政府“搭台”、民间“唱戏”的图书馆发展模式。无论是经营性的还是公益性的民间图书馆，通过与政府合作的方式，接受政府的项目购买或资助，都能为其自身的可持续发展开辟一条新路。

3.1.1 国家在购买公共服务方面的举措

2013 年 9 月，国务院办公厅下发了《关于政府向社会力量购买服务的指导意见》（以下简称《意见》）。《意见》明确指出进一步开放公共服务市场准入机制，改革创新公共服务提供机制和实现方式，逐步加大政府向民间力量购买服务的力度。财政部也随后发出了《关于做好政府购买服务工作有关问题的通知》和《关于做好中央部门政府购买服务工作的通知》，要求中央各部门、各地区研究制定政府购买公共服务的指导性目录，优先安排和实施与改善民生密切相关的领域和项目。在一系列政策的推动下，很多地方政府购买服务的领域也逐步扩大，目前覆盖的范围包括教育、卫生、社会保障、社会服务、住房保障、“三农”服务、体育文化、交通运输、市政市容、环境保护、公共安全、政府辅助性服务等数以百计的服务项目。

公共服务外包的形式，一方面满足了大众对部分公共服务特别是公益性服务的需求，提高了政府财政的使用效率，另一方面也推动了公共服务市场的发展和民间企业以及社会组织、民办机构、公益基金会等非营利组织的发展。据民政部统计，2013 年我国社会服务性事业费支出达 4276 亿元，其中中央财政向各地转移支付社会服务费 2000 多亿元；各类提供公益性社会服务的非营利组织迅速发展，截至 2013 年年底，全国社会公共服务机构已达到 156.2 万家，其中社会组织 54.7 万家，社会团体近 30 万家，民间非企业单位 25.5 万家，社区服务组织 25 万余家，公益基金会 3549 家，社会捐赠资金近 600 亿元。目前，社会公共服务提供的主体和提供方式正向着多样化方向发展，一个政府主导、全社会参与、官办民办并举的社会公共服务模式正初步形成。

3.1.2　北京地区政府购买民间图书馆服务的实践

（1）北京华藏图书馆的实践

北京华藏图书馆申报的“中华传统文化推广种子培训工程”，是通过政府的项目购买实现民间图书馆自身发展规划的典型案例。华藏图书馆位于北京市，所申报的“中华传统文化推广种子培训工程”项目在 2010 年 3 月份获得审批。在执行了一年后，该项目通过了评测验收，“中华传统文化推广种子培训工程”在首都“社会组织服务民生行动”中获得政府购买，成为全市 16 家

"政府购买服务公益场馆"之一。"中华传统文化推广种子培训工程"以推广弘扬传统文化为手段，以增强民族素质、建设和谐社会为目的，其对培训人员进行优秀传统文化典籍的系统教学，并与对应的社会实践结合，让培训人员在实践中感受中国传统文化的真谛。通过培训，华藏图书馆每年挑选出20多名传统文化推广种子人员，将传统文化带入了社区、学校和企业等组织。

在项目实施过程中，政府对华藏图书馆投入项目资助，帮助其实现自身的发展。民间图书馆与政府合作，能够帮助其摆脱资金不足的窘境，促进其发展的稳定性和可持续性，提高其服务的专业性和服务效果，让民众体验到优质的社会文化服务。

（2）北京金彩艺术图书馆的实践

北京金彩艺术图书馆，是集100多个国家的美术艺术书籍、数千位著名艺术家的代表作品于一体的艺术图书馆，是我国最大的民间对外文化交流中心，是我国美术家远赴世界各个国家采风、展览、学术交流的专业单位。到目前为止，该图书馆已组建6个团队前往了50多个国家。2010年，北京金彩艺术图书馆开展了主题为"精彩社区，再造辉煌"的老年书画探讨班，其目的是让社区老年人的晚年生活丰富多彩，为老年人提供更多的学习机会，让老年人的文化艺术水平更上一个台阶。北京金彩艺术图书馆的启动资金由政府资助的4万余元和图书馆自行筹划的1万元两部分组成，活动以会议展览的形式在该图书馆举行，享受该项目福利的人数超过400人。2010年3月，该项目启动。项目启动阶段，北京市各社区活动中心都对项目内容进行了广泛的宣传，鼓励更多的人去了解这个活动并报名参与。在项目中期，该图书馆组织人员对学员进行授课。在项目后期，学员开始个人创作，并进行汇报总结。该项目为老年人进行艺术交流提供了一个平台，推动了和谐社区、和谐社会的建设。

北京金彩艺术图书馆还在2010年4月组织了主题为"残疾人书画展览"的活动。该活动为残疾人提供了文化交流学习的平台，丰富了残疾人的业余文化生活；发现了大批残疾人书画家，为残疾人书画家开拓了市场，增加了残疾人的就业机会。该图书馆通过该活动让更多的人了解残疾人，理解和包容残疾人，让残疾人能够平等地参与社会生活，创造了友善的社会氛围。由政府资助和图书馆自筹资金举办的“和梦一起飞”残疾人书画展项目，以实物捐助和艺术展览的形式举行，获益人数高达数百人。

2011 年 1 月，北京市民政局、文化局共同实施了政府购买民间文化场馆的公益服务项目。这个项目的目的是全面发挥民办文化场馆在民众中的作用，使其能达到便捷地为社会和群众服务的效果。在这个项目中，北京市政府提供了 50 余万元专项资金用于购买北京近 20 家民办文化场馆的公共服务，北京金彩艺术图书馆以及华藏图书馆共同参与了这次的政府购买。北京金彩艺术图书馆与华藏图书馆采用政府购买门票的方式，免费对公众开放，并且公众可以不限次数地享受多种公共服务。

3.1.3　上海地区政府购买公共服务的实践

（1）上海静安区（不包括原闸北区）

位于上海市中心的静安区，经济发展水平较高，发展速度较快。2013 年，静安区内户籍人口约 30 万，并且该区居民具备较强的公民意识，有着很强烈的公共服务需求。由于具有这种强烈的需求，静安区的社会组织发展迅速。静安区是上海中心城区社会组织密集度最高的一个区。据统计，该区每 1 万人中有 14 个社会组织，接近上海平均数的 2 倍、全国平均数的 4 倍。2013 年，上海静安区有 421 家社会组织，这些组织承接了政府购买的 226 个项目，涉及资金 4835 万元。截至 2014 年 6 月，静安区内共有 3 处社区公共运动场，173 处社区健身苑点，4 个百姓健身房，10 个楼宇健身室，社会体育指导员 794 名，健身团队 304 个。①

① 钱蓓:《以民管民，服务送到各个领域》，http://www.shzgd.org/renda/zgd2014/node21723/node21752/u1a1846589.html。

静安区内各种社会组织众多，且分布在不同的领域，区政府在管理中起到中心管制的作用，在政府授予权力的基础上，各社会组织共同发展，最终形成了具有自身特色的“1＋5＋X”的社会组织管理体制。在这样的管理机制下，“1”是指静安区社会组织联合会，“5”是指静安区社会组织联合会、南京西路社会组织联合会、江宁路社会组织联合会、曹家渡社会组织联合会和石门二路社会组织联合会，“X”是指各行业的社会组织联合会。2008 年初，曹家渡公益服务社转制成为上海静安公益场所管理服务中心。上海静安公益场所管理服务中心是一个民办非企业单位，它所经营的主要业务是公益场所设施和社区生活服务的监督和管理。上海静安公益场所管理服务中心的第一个项目是政府购买静安区部分中小学体育场馆，并将其对外开放。目前的项目是通过政府购买的方式，实现曹家渡街道社区笼式足球场免费向市民开放。足球场的开放时间为每天上午 8：30—11：30，下午 12：30—17：00，全年无休。上海市民可以电话预约或者登录上海静安公益场所管理服务中心的官方网站进行预订。

在静安区政府购买公共服务的案例中，作为受托方的上海静安公益场所管理服务中心虽然是民办非企业单位，但由于其前身及转制的原因，还是具有比较浓重的政府背景，和政府部门有着一定的依附关系。在购买的形式上，属于非竞争性购买，因此在购买模式上属于形式性购买模式。静安区在上海很早就开展了体育项目的政府购买，在笼式足球场的购买服务中虽然存在很多不足之处，但它在费用支付、项目评估等方面仍然按照比较规范的政府购买步骤进行，取得了很好的效果。

（2）上海杨浦区

杨浦区的中学在 2014 年 10 月、11 月两个月开展了主题为“人人运动，学会游泳”的活动。杨浦区教育局、体育局将游泳服务交由区内软硬件设施较好、资质齐全的市东高级中学游泳馆、同济附中游泳馆、中原游泳馆、二军大游泳馆和健翔游泳馆提供。这些游泳馆对区内 39 所中学的 5000 多名中学生进行游泳培训。学生的游泳课程每学期 10 节，时长 5 周。前 9 节为学习和训练，第 10 节课进行 25 米的达标测试。游泳馆为每名测试合格的学生颁发上海市游泳合格证。

杨浦区体育局、教育局在购买游泳服务的整个过程中，坚持按照“政府承担、定向委托、契约管理、评估兑现”的模式进行。政府部门作为游泳服务的购买者，承担服务购买的全部费用，其中包括游泳门票费用、教练课时费用以及游泳健身体检卡费用等；政府按照就近原则和区域平衡原则，将游泳服务的提供定向委托给区内有资质的游泳馆，以保证学生上课的安全、便捷、有效。各游泳馆和政府部门签订合同，明确规定游泳服务的具体内容、形式及价格，并在服务操作的过程中依照双方签订的合同进行管理；在游泳服务结束后，游泳馆对学生学习游泳的水平进行测评，政府根据测评结果进行评级并向游泳馆支付相关费用。经过这些年的实践经验积累，杨浦区在委托性购买的基础上，将学生安全作为第一要素，形成了政府、学校、游泳馆分工协作“三方一体”的工作模式。政府部门的主要任务是提供游泳服务购买资金以及购买过程的组织协调，由区教育局、体育局组成工作小组，展开专门的协调、监督工作；学校是负责学生游泳的前期组织，其职责内容有收集整理学生名单、了解学生身体状况，并且与学生家长保持沟通，通过家长签字确认获得学生参加游泳活动的许可；游泳馆负责学生游泳课程的教授，在游泳课开始前到学校进行学生体检、安全教育，游泳课上指派足量的教练员、救生员以保证学生安全及游泳学习效果。①

3.1.4　其他地区政府购买民间图书馆服务的实践

随着政府购买民间图书馆服务的发展，除了北京、上海，其他地区的政府购买实践也相应兴起，并取得了快速的发展。

---

① 江龙：《上海市政府购买体育公共服务模式研究》，东华大学学位论文 2015 年。

2013 年，芜湖市政府为促进镜湖区图书馆的进一步发展，购买了儒林图书馆咨询服务公司的图书馆服务；2014 年，合肥市为加快滨湖世纪新区的图书馆建设，购买了儒林图书馆咨询服务公司的图书馆服务。这两市购买图书馆咨询服务的举动使市政府在创办新图书馆时首期的资金投入压力得到了有效缓解，也使居民对新馆有了更好的认识，使新馆在短时期获得好评。长沙市图书馆实行总馆和分馆的办馆模式，将长沙地区的师友图书馆、颐而康企业图书馆等一些发展较好的民间图书馆纳为其分馆，总馆给它们提供图书馆业务指导、图书配送与服务监督等。政府向社会力量购买图书馆服务业务，并将社会图书馆的服务纳入本地图书馆的公共文化服务体系中，可以使社会组织提供的图书馆服务更好地接受政府公共图书馆的有效指导和全程监督，也可以使政府购买图书馆公共服务这一举措发挥切实的作用。①

3.1.5 地区间政府购买实践的对比

政府购买民间图书馆服务行为在各个地区都呈现出蓬勃发展的态势，各地区政府的购买实践也都有各自的特点。部分地区针对政府购买行为，出台了一系列相关的政策法规，以规范地区内的政府购买工作。

2014 年初，社会力量参与朝外地区图书馆运营签约仪式于朝外文化服务中心举办，北京市朝阳区图书馆与朝外地区图书馆、悠贝亲子图书馆三方正式签署了《社会力量参与朝外地区图书馆运营合作协议书》。这标志着北京市朝阳区公共图书馆在探索社会力量参与公共文化建设实践方面走上了新台阶，同时也标志着民间图书馆参与公共图书馆日常管理、运营模式的创新。近几年来，我国民间图书馆的生存发展存在着一些不可避免的困境。然而北京市朝阳区图书馆积极引入社会力量参与公共文化建设，通过政府购买公共服务，将民间阅读组织引进参与到图书馆管理与运营的模式中来，这样政府、图书

---

① 易斌、郭华、易艳：《政府购买公共图书馆运营服务的内涵、模式及其发展趋向》，《图书馆》2016 年第 1 期，第 19—24 页。

馆和民间阅读组织实现了多赢的局面——政府开始从“办文化”向“管文化”转变，缓解了压力，扶持了民间阅读组织的发展，同时也为图书馆服务注入了新的血液，推动了各方的健康发展。

2010 年，江苏省无锡新区通过政府公开招标的形式，将无锡新区公共图书馆的管理、运营和服务外包给艾迪讯公司。因此，无锡新区图书馆在我国较早实现了基层公共图书馆的运营管理服务的托管，购买模式为“政府承担、整体委托、契约管理、评估兑现”。无锡新区政府是购买方，政府把整个公共图书馆的书刊借阅、数字资源提供、活动组织等日常运营工作外包给一些社会组织，和这些社会组织签订协议并明确公共图书馆的开放时间、资源利用情况、活动组织安排等。例如，协议规定无锡新区图书馆实行全年无休假，免费开放，每天开放不少于 10 个小时。同时，政府还建立了对承接方的全程监管机制，通过日常监督和定期评估考核相结合的办法，测评承接方完成服务的情况。

购买图书馆管理服务对于我国政府来说是新生事物，改革模式如果从基层单位入手，阻力会更小，取得成功的可能性更大，换句话说就是失败需要付出的代价相对较小。朝阳区、朝外地区和无锡新区的图书馆都具有以下两个特征。第一，地方图书馆规模不大。它们都是街道、县区级图书馆，藏书规模、馆舍面积都不大。如朝外图书馆位于朝阳区朝外地区文化服务中心，馆舍 200 多平方米，馆藏文献总量 2 万余册、期刊 60 余种、报纸 20 种；无锡新区图书馆面积 2500 多平方米，有 9.5 万册纸质图书、35 种报纸和 250 种期刊馆藏。基层图书馆的主要工作是日常的开放、书刊借阅、阅读指导等服务项目，用户的深层次服务需求不多，对承接方的专业知识和经营规模没有太高的要求。第二，新建图书馆没有历史遗留问题。朝外地区为创建公共文化服务示范区，将朝外图书馆经过重新改造和装修后进行外包，外包托管前只有两名临时工作人员管理图书馆。无锡新区图书馆是 2010 年在新区管委会的大力投入和积极准备下开始建设的，图书馆建成以后新区管委会将图书馆托付给商业公司。它们都没有人、财、物等历史遗留问题，不存在图书馆在编人员的安置问题，无后顾之忧，所以承接者能轻装上阵，集中力量来运营管理图书馆。

近年来，北京市朝阳区政府和无锡市政府非常重视政府职能的转变，积极出台了一系列的政策措施，加大对购买公共服务的财政专项资金的投入，并且获得了相当丰富的购买实践经验，为图书馆整体运营管理服务的购买起到了较好的指导作用。2011 年，朝阳区开始由政府出资面向社会组织购买公共服务项目，首年就有 59 个项目被纳入政府购买范围，涵盖养老助残、志愿公益、社会管理等多个方面，共覆盖 19 个居民社区，政府总投入 619 万元。2012 年，朝阳区政府购买项目达 151 个，投入资金 1134 万元。2013 年，朝阳区政府增加了对公共服务的购买力度，购买项目多达 213 个，购买资金总数超过 1760 万元，项目总数和投入资金均超过过去两年的总和。为了保证购买的公共服务项目能顺利实施，朝阳区政府出台了《朝阳区政府购买社会组织服务项目管理办法》《社会组织服务项目实施评估细则》等配套性文件。

江苏省无锡市自 2005 年开始对全市市政设施养护、水资源监测、社会养老机构、城市绿化维护、文化旅游等十多项公共事业项目实行了政府购买，先后出台了《关于政府购买公共服务的指导意见（试行）》(2005 年)、《关于推进政府购买公共服务改革的实施意见》(2008 年)、《无锡市政府购买行业协会商会公共服务实施办法（试行）》(2010 年)、《政府购买公共文化产品和服务试行办法》（2011 年）和《无锡市政府引导文化消费专项资金管理办法》(2012 年）等规范性文件，目的是指导社会公共服务的购买。2012 年，无锡市政府购买公共服务资金达 12 亿元，节约率达到 12.3%。

政府对民间图书馆服务的购买需要大量社会组织的加入，而我国民间社会组织的发展尚处于起步阶段，组织数量少、水平低、专业性较差。因此，这需要各级政府部门重点加强对非营利性文化组织的培育和支持。由于政府采购公共服务还没有形成较成熟的市场模式，我国非营利组织通过接受捐赠、资助又难以持续维持自身的生存发展，尤其是公益性的民间图书馆，因缺乏资金的支持，在现实运营中举步维艰。为支持、推动民间公共文化组织的持续健康发展，促使更多的非营利性文化组织参与到公共文化服务体系建设中，政府应降低行业登记标准，减少政府购买对民间组织的限制性法规，主动积极给予相应的政策优惠和配套资金支持，从而促进其健康发展。如，朝阳区政府出台了《朝阳区吸引民办图书馆参与公共文化建设的实施意见》，对民间图书馆的文献资源、网络服务、活动资金及员工培训等进行支持，不断强化和完善扶持民间图书馆发展的手段措施。政府通过购买民间图书馆服务的方式，可以有效推动非营利性文化组织的发展壮大，有利于培育出民间社会组织在领域内的领军人物。

目前，我国学者对民间图书馆办馆模式的分类大多是从办馆主体的角度划分的，但因各方面社会力量主体有其多样性和复杂性，并不能准确地反映民间图书馆的办馆方式。从资金来源角度分析，民间图书馆的创建模式主要有私人自费、自助共建、公益组织援助和公私合办这几种。私人自费创建图书馆大多是因为个人爱好和社会责任。这类图书馆一般起点低，运行灵活，但也存在着规模较小、持续经营困难等问题。自助共建又分为四种：由村（居）委会按适当比例从集体经济收入或集体公益金中提取经费投资创办的图书馆；由居民区内的公共部门、企业和个人共同出资捐建的图书馆；由居民自发捐助或入股创办的图书馆；多人合作或个人出资创办的俱乐部式的会员图书馆。自助共建的形式多面向特定区域，它容易协调，见效迅速，持续性较强。公益组织援助创建图书馆既有个人慈善捐资投入民间图书馆，也有公益组织开展民间图书馆建设项目，如公益组织援建农村学校图书馆。公益组织援助创建图书馆运行规范、规模比较大、有确定的反馈信息，已逐渐成为近年来民间图书馆建设的主要模式。公私合办图书馆主要指由政府带头，利用社会资源创办的基层图书馆。这种模式具有较强的政策性，政府与社会力量合作双赢、各取所需，有较强的专业性，向基层扩展的能力较强。此外，从创建方式方面把民间图书馆的办馆模式归纳为五种，即政策参与式、资源动员式、项目合作式、志愿服务式和社区资助式。

政府在公共图书馆的建设和服务中加入社会力量，可以更好地弥补现有公共图书馆服务能力不足的现状，更好地满足社会公众的现实需求。同时，将市场竞争机制引入图书馆服务领域，对于提高公共图书馆的服务效率有很大的作用，而且也有利于政府转变自身职能，提升政府投资收益。

3.2 国外的实践及启示

自 20 世纪 80 年代以来，行政变革浪潮波及全世界。西方发达国家、新兴工业国家和部分发展中国家都卷入了变革大潮。此次改革打破了传统理论和管理模式的约束，试图以新理论对行政管理进行彻底性或方向性的调整，其主要表现在政府充分利用市场和社会力量，推行公共服务的社会化，建立公共和私营的合作伙伴关系（PPPs）。20 世纪 90 年代，英国首先提出了公私伙伴关系这个概念，随后美国、加拿大、德国、日本等主要发达国家在公私伙伴关系这个问题上给予很大的肯定。除此之外，一些国际组织如欧盟、联合国、经济合作与发展组织及世界银行等也将 PPPs 的概念和实践经验在全球范围大力推广。①

当前，国外政府对于公共服务的购买方式主要包括合同外包、特许经营、公私合作、财政补助四种。合同外包，即政府部门根据自己指定的所需的公共服务的数量和质量标准，通过公开招标等流程，与选择的承包商或者非营利组织订立相关的合同，将公共服务交由他们负责，并且对这些组织随时进行监督检查，根据绩效评估的结果支付相应费用。特许经营，即政府给予私营企业在一定时间内对一些约定领域的公共产品或服务的垄断经营权，公众

---

① 陈军：《公私合作理论基础研究》，《延边大学学报》2009 年第 42 期，第 28—32 页。

享受由私营企业直接提供的该类服务。公私合作，即政府和营利机构或非营利组织一起提供某些公共产品和服务。财政补助，即政府通过财政拨款、免税或税收优惠、低息贷款、担保贷款等方式，向一些具有较强公益性的公共产品和公共服务提供者给予财政补贴。①

3.2.1 国外政府的购买模式

各国政府在具体实施政府购买公共服务时所采取的具体方法差异很大，不过它们都有着相同之处，那就是在公共服务领域引入市场机制，让公共服务以竞争的方式为社会公众服务，让其成为一种最优的资源配置方式和最行之有效的供给方式。

（1）美国

美国是强调市场竞争的国家，公共服务主要由政府通过购买的方式，交由市场和社会提供。据萨瓦斯计算，在美国至少有 200 种服务是由承包商提供的。联邦政府采用了合同外包的方式对国防、能源、航空航天、环境、农业、医疗卫生、社会服务以及辅助性服务等领域进行资源利用。

对于民间图书馆服务的政府购买，美国学者认为，政府购买图书馆公共服务属于民营化研究领域，主要内容是社会组织来承担政府的公共管理职能，政府借用民间力量来提供和改进服务。有专家研究指出，美国政府在图书馆公共服务方面都是用合同外包的方式来购买的。

美国政府认为，合同外包的方式可以解决任何不属于政府固有职能的工作。因为美国政府的固有职能不包含图书馆公共服务工作，所以民营机构通过合同外包形式对图书馆服务进行管理和运营。美国政府购买图书馆公共服务主要由政府部门、民间组织、社会公众充当服务购买者、提供者和接受者的角色；政府部门和民间组织之间的关系是合同关系，按照双方签订的合同，

① 翟建雄：《中外政府购买公共服务的实践与思考》，《法律文献信息与研究》2015 年第 C1 期，第 45—50 页。

由民营组织为公众提供图书馆服务，政府部门对其进行监督和验收，公众的主要职责是向政府反馈服务质量问题。

美国政府主要通过合同约定的方式购买图书馆公共服务。签订合同进行合作是法律授予政府的专项采购权力，属于政府合同范畴。所以，图书馆公共服务购买合同有政府合同的相关法律支持。现在，美国相关方面的法律有《联邦政府财产管理法》《联邦政府采购合同法》《联邦合同管理法》《政府服务采购改革法》等。上述法律对政府制定购买合同从不同角度做出了一系列的约束和规范，形成了一套完整的购买合同的法律体系。

（2）英国

英国不像美国一样把公共服务都承包给私人企业，而是采用了两种方式：一方面英国政府对政府内部机构积极改革，成立“执行机构”，其职能是专门承担政策执行和公共服务工作的提供；另一方面，购买公共服务采取市场和社会合作的形式。在英国，政府对于图书馆的支持方式，主要是让市场与社会合作购买相应的图书馆公共服务。

英国社会对于契约精神一直很坚持，契约精神在政府购买社会组织公共服务方面也得到了体现。严格的合同管理机制是英国政府保障政府购买行为的主要措施。英国政府在对社会组织服务进行购买时，双方必须签订具有法律效力的合同。合同会在一些方面做出规范，如服务数量、质量、价格及双方的责任权限等方面，明确双方的权利和义务，使双方的利益不受损害。当然，为了保障社会组织工作的顺利进行，合同也会在质量监控、绩效评价等方面做出相应的规定，目的是保障社会组织可以高效率地完成公共服务供给任务。

在英国，公共服务的市场已初具规模，在这个市场中私营部门、非营利组织所占的比重逐渐扩大，社会经济效益显著增加。例如，英国政府 2013—

2014 年的财政支出总额为 7142 亿英镑①，其中就有超过 1870 亿英镑用来支付给约 20 万家提供公共服务的私营部门和非营利组织，约占财政总支出的 26%；私营部门和非营利组织（雇有 540 万员工）对经济的贡献额也高达 487 亿英镑，约占当年全国 GDP 的 7.2%。②

大部分开展购买公共服务的国家对于购买公共服务都有国家层面上的相关立法。英国政府也十分重视购买公共服务的立法工作。英国政府在 1990 年颁布了《公共医疗和社区关怀法》。该法明确指出，中央政府拨付的特殊款项的 85%用于支付给通过竞标的形式获得提供公共服务的私营或非政府组织。1998 年，英国首相布莱尔签署了《政府与志愿及社区部门关系协定》（以下简称《关系协定》）并将其在全国推行。地方政府随后根据这个原则相继制定出了各地方的《关系协定》③。从 20 世纪 80 年代撒切尔夫人对社会福利进行改革，将政府购买公共服务作为其中的一部分大范围推广开始，不管是布莱尔提出把购买公共服务常态化、制度化，还是卡梅伦提出的"大社会"计划，都为政府购买公共服务的改革提供了法律和政策方面的有力保障。英国政府先后在 1998 年和 2011 年发布了《政府和志愿及社会部门关系的协议》和《开放的公共服务白皮书》，采取选择性放权的方式，坚持公平性和多元化原则，完善公共服务，带领公共服务改革创新。

各国政府对社会公共服务购买的具体方法虽然有所不同，但是它们都具有在公共服务领域引入市场机制，通过支持公共服务市场，建立健全鼓励私营机构积极参与的法律法规，进一步提供更加优质的公共服务，使社会资源得到最优的配置，进而降低公共财政支出，提高公共服务质量，满足公众对

① Institute for Fiscal Studies. Survey of publicspending in the UK.http:/ www. ifs. org. uk / uploads / publications / bns / BN43%20Public% 20Spending% 202014. pdf.

② House of Commons,Committee of Public Ac-counts. Contracting out public services to the private sector.http :/ www. publications. parliament. uk / pa / cm201314 /cmselect / cmpubacc /777 /777. pdf.

③ 杨海霞:《破题政府购买公共服务》,http://news.hexun.com/2013-09-05/157761221.html。

社会公共服务需求的多样性和多层次性的共同特点。

3.2.2 国外政府购买实践对我国的启示

政府购买公共服务是提高政府行政效率的一种有效选择，而西方国家对于政府购买公共服务的实践是走在世界前列的。最近几年来，尽管我国很多地方在购买公共服务上做了很多积极探索，但是我国政府在购买公共服务领域仍处于“初级阶段”。我国政府应该积极借鉴其他国家的经验，结合本国国情，形成一套有中国特色的政府购买公共服务的运行机制，从而提高社会资源的有效利用率。民间图书馆服务作为公共服务的一部分，政府购买民间图书馆服务的实践同样可以从西方国家的实践过程中吸取经验。

（1）发达国家政府购买的特点

20 世纪 80 年代以来，在承受着公共服务提供效率低、垄断性强的巨大压力下，英、美、澳、日等发达国家政府都进一步认识到政府购买公共服务的重要性，并将这一重要环节纳入了政府改革的实践框架之中。①

从发达国家政府购买公共服务的实践中，我们不难发现其共同点：

①完善的法律体系支撑。英美两国均在国家层面对政府购买的相关行为进行了立法，日本、澳大利亚、德国等国家也同样对政府购买进行了相关的法律规范。

②公开透明的购买流程。随着政府购买公共服务的发展，大部分西方发达国家都有自己的专项预算。政府通过相应的政府采购流程购买私有和非政府组织提供的社会服务，从而提高政府的工作效率。当然，这种采购流程是公开透明的。

③重视市场机制和社会组织的力量。政府完全提供公共服务是存在明显弊端的，在发达国家，市场机制的引入使得公共服务行业重新焕发活力，而对于社会组织力量的充分利用，也使得其实现了可持续发展。

---

① 马广志:《政府购买公共服务的欧美模式》，http://finance.ifeng.com/a/20140226/11755510_0.shtml。

④公共服务提供模式多元化。发达国家拥有非常多元化的公共服务供给模式，从而在一定程度上满足了大众不同的公共服务需求。

（2）国外政府购买实践对我国政府购买民间图书馆服务的启示

国外政府的公共服务购买实践为我国政府购买公共服务提供了很多可供借鉴的经验。我国可以让一些具备条件、信誉良好的社会组织和企业承担那些适合以市场化方式提供的公共服务，有效解决这些领域存在的公共服务产品短缺以及质量和效率不高等问题。政府购买民间图书馆服务是政府购买的一部分，这些经验同样适用。政府在进行民间图书馆服务购买的过程中，只有正确认识和运用这些经验启示，才能促进民间图书馆的可持续发展。这些经验启示主要为以下几个层面。

一是建立中国特色的政府购买公共服务的法律体系。西方国家建立了完善的法律体系，以支持本国的政府购买活动，对于处在起步阶段的中国来说，其法律更多的是借鉴意义，不能盲目照搬照抄。因为国情不同，立法中需要关注的问题是存在差异的。根据美国和英国的经验，首先应从法律方面区分中央和地方政府的公共服务职能，确定政府购买公共服务的范围。

二是重视社会组织的作用，提高政府与社会组织的合作度。政府与社会组织之间，是既有联系又相互独立的。根据中国国情来看，政府仍然在很多社会公共事务中扮演着主要策划者和推动者的角色，而对于社会组织的贡献作用却不够重视。因此政府在制定行之有效且符合科学发展观的法律法规时都要将社会组织放在重要位置，要在很大程度上促进多种社会组织尤其是社会公益性质的组织的不断发展，最大限度地发挥各个组织参与公共服务的能力。

三是多样化的公共服务供给方式。公共服务的提供者太单一容易造成公共服务领域的垄断，进而造成市场失控或政府失灵的局面。总结这一教训，公共服务十分有必要市场化、多元化。国外政府将公共服务供给方式引入竞争机制中，用实践证明市场竞争有利于提高公共服务供给的质量和服务效率。

社会组织在政府职能转变过程中起着不可替代的作用。社会组织因为其独特的资源优势有能力参与到公共服务的供给活动中去。所以，通过政策的福利、分担利益等方法激励社会组织积极参与到公共服务的供给中去，努力建立一个拥有科学的结构、规范行为的公共服务供给体系，是非常明智的选择。

四是重视发挥市场机制的作用。政府既是公共服务的需求者，又是公共服务的供给者，这使政府处于天然的垄断地位。政府垄断公共服务会降低资金的使用效率，造成机构和人员膨胀，而且可能会因为缺乏监督而出现“豆腐渣”工程和权力寻租现象。当然，政府和竞争市场上的专业公司相比，也可能存在不能准确掌握社会需求的问题。面对政府直接供给公共服务存在的种种弊端，我国在公共服务的改革中要充分发挥市场在公共服务领域中的作用。

第 4 章　政府购买民间图书馆服务的模式

政府购买民间图书馆服务的模式不仅决定着政府与民间图书馆之间的关系，也影响到政府公共资金的使用效率和政府对民间图书馆服务的监管模式。在我国，存在着多种政府购买民间图书馆服务的模式。本章即对政府购买民间图书馆服务的模式进行简要分析。

4.1　政府购买民间图书馆服务模式的含义

4.1.1　政府购买民间图书馆服务的内涵

政府购买民间图书馆服务是由政府来重新制定图书馆服务的标准和机制，政府与各类社会组织及其部门签订合约，向受托机构支付服务费用，从而实现政府购买民间图书馆服务的全过程。其中，政府、社会组织及其部门和受托机构是政府购买民间图书馆服务过程中的三个基本要素。政府购买民间图书馆服务是依靠政府公共财政支付方式来有效实现的，即政府为实现提供社会公共服务这一职能，通过契约管理的方法把原来由政府、非营利组织和其他社会服务组织来完成的为满足人民需要的图书馆服务事项转让给有服务资质的承接方来完成，政府以制定一定标准和评估考核的方式来实现政府购买民间图书馆服务的目的。承接方以是否营利为目的分为非营利组织和营利组织。非营利组织是指依法在民政部门登记成立的社会组织和符合条件的事业单位。其中，社会组织包括社会团体、民办非企业单位和基金会，它们具有非营利性、非政府性、独立性、志愿性和公益性等基本特征。符合条件的事业单位包括图书文献事业单位、群众文化事业单位等，它们以政府职能、公益服务为主要宗旨，参与社会事务管理，履行管理和服务职能。按承接方的数量，承接方可分为独立承接者和合作承接者。独立承接者是指承接方仅为一家独立注册的法人。我国政府购买图书馆服务案例的承接方绝大部分为独立承接者。合作承接者是指承接方为两家或两家以上独立注册的法人，它们在外包业务上是互相独立又互相配合的关系。

政府购买民间图书馆服务是指政府通过委托、招标、谈判、承包等采购方式，与承接方就购买的图书馆服务签订协议，委托给符合条件的民间图书馆来完成，从而达成契约关系。购买方是政府行政机关、具有行政管理职能的事业单位或纳入行政编制的群团组织，承接方是能够提供公共图书馆服务的企事业单位、社会组织及个人。根据承接商购买能力的不同，政府购买民间图书馆服务可分为三种：一种是图书馆业务的外包服务，如 24 小时自助图书馆的建设和维护、图书采购、编目、上架排架和软件开发等；一种是图书馆服务的社会化，指民办、高校、科研等类型图书馆接受政府的定向资助，免费向公众开设培训班、开放借阅等服务；一种是图书馆运营管理服务，指图书馆整体管理、运营和服务外包给社会力量。

4.1.2 政府购买民间图书馆服务模式的含义

政府购买民间图书馆服务的目的是履行服务大众的职能，从而提高政府财政资金的使用效率。

政府购买民间图书馆服务的模式是指政府在图书馆服务购买过程中所采取的程序与方法。刘晓婷等认为购买模式包括购买主体、承接主体、购买内容、购买机制、资金管理及绩效管理等六个方面。政府购买民间图书馆服务的模式多种多样，判断政府购买民间图书馆服务的模式主要从三个维度来进行考虑，分别是竞争程度、各主体间的关系和制度化程度。竞争程度是衡量政府在购买过程中市场化程度的指标；各主体间的关系是政府部门和社会机构在服务购买过程中的相互依赖关系；制度化程度主要反映政府购买的趋势性和稳定性。分析这三个维度可以让我们更好地对政府的购买模式进行深层次的理解与认识。

4.2　国内外政府购买民间图书馆服务的模式分析

4.2.1　国外政府购买公共服务的模式

在西方发达国家，公开竞标是最典型的政府购买公共服务的方式。除公开竞标外，在涉及专业性较强的公共服务时，西方发达国家还会采用协议定标的方法，如对监狱、医院等服务的购买。在美国，合同外包是政府购买社会组织服务的主要形式，被广泛应用于社会服务领域。在合同外包的发展过程中，政府购买公共服务经历了由设计型合同向绩效型合同的转变。翟建雄在研究中认为，目前国外政府购买公共服务的做法主要有四种：第一，合同外包，即政府根据其确定的某种公共服务的数量和质量标准，经公开招标等程序，与选定的承包商或非营利组织签订合同，将公共服务转包出去，同时对其履约情况进行全程监督核查，并根据绩效评估结果支付费用；第二，特许经营，即政府赋予私营部门在一定时间内享有对某些特定领域公共产品或服务的垄断经营权，由其直接向公众有偿提供该类产品或服务；第三，公私合作，即政府与私营部门或非营利组织联合提供某些公共产品和服务；第四，财政补助，即政府对提供某些公共产品和服务的部门实行直接拨款、免税或税收优惠政策。郭新萍也在相关研究中认为，国外政府购买图书馆服务的模式主要有合同出租、公私合作、使用者付费、补贴制度等。

4.2.2 国内政府购买民间图书馆服务的模式

总结近几年来我国政府购买实例发现，我国政府购买图书馆服务模式呈现多元化发展趋势。对于国内的政府购买图书馆服务模式的研究中，张宏涛认为购买模式可以有多种选择，例如竞争模式、协商模式和合作模式。易斌、郭华等认为公开招标是政府购买图书馆服务的主要模式，包括竞争性购买和非竞争性购买。其中，竞争性购买是以后的发展趋势，因为竞争性购买有其他形式所不具备的优点：一是通过透明的政府招标，可以降低政府成本；二是可以发挥承接者自身的优势，提高效率；三是竞争性购买方式具有成本约束机制。易斌等还认为，在进行公开招标的时候应考虑效益最大化原则，打击恶意低价策略，建立定量指标和第三方评估机制来保证完成的效果。陈红认为政府购买公共图书馆服务主要有六种模式，分别为合同外包制、使用者付费制、补贴制、凭单制、特许经营制和采购配送制。这六种模式需要根据购买服务的内容、数量、性质、对象和需求等灵活使用。郭新萍在研究中认为，政府购买图书馆服务的模式多种多样，国外经常采用的模式有合同出租、公私合作、使用者付费和补贴制度等，国内使用较多的模式有合同制、直接资助、项目申请制、凭单制和公益创投等。不同的购买模式的作用机制不同、目的不同、预期效果不同，因此评估的观测点、评估指标、评估技术和评估组织方法都会有区别。杨宝认为制度化程度、竞争程度、主体间的关系构成了描述政府购买模式的核心指标体系，所以政府购买图书馆服务根据核心指标分为两种模式：目标模式和国内模式。目标模式具备制度化、竞争性和独立性特征，而国内模式却比较多元化，既有制度化也有非制度化，既有竞争性也有非竞争性，既有独立性也有依附性。所以，国内模式并没有照搬目标模式，而是出现了竞争性购买、非竞争性购买、形式性购买等模式。

从政府购买民间图书馆服务的实践来看，其服务模式可根据不同标准分为不同模式。

（1）按购买机制划分，政府购买民间图书馆服务的模式可分为定向购买和公开招标两种：①定向购买，指政府直接将服务项目委托给某一社会组织或机构，主要依托项目形式、非项目形式等多种形式进行，这是政府购买公共图书馆服务的主要模式；②公开招标，指政府通过公开竞争的方式来确定服务提供者，而针对一些盈利空间小、社会主体积极性不高的服务项目，会采取邀请招标的方式确定服务提供者。

（2）按政府资金支持方式划分，政府购买民间图书馆服务的模式可分为政府直接资助和间接资助两种：①政府直接资助，指政府提供购买项目所需的全部资金的直接资金支持；②政府间接资助，指政府通过提供场地、资源、人员等方式对购买项目提供间接的资金支持。

（3）根据服务时间的持续性和适用性，可以将政府购买民间图书馆服务的模式分为三种：一次性服务购买方式、连续性服务购买方式和业绩性服务购买方式。这三种政府购买服务方式，适用于对企业和民间图书馆服务的购买。

（4）政府购买民间图书馆服务的模式是政府在图书馆服务购买过程中所采取的程序与方法。竞争程度、各主体间的关系和制度化程度，是判断政府购买民间图书馆服务模式的三个主要维度。从这三个维度可以将购买模式划分为三种：形式模式、委托模式和竞标模式。

（5）根据政府与受托者的关系、是否是竞争性购买这两个角度来划分，可以将政府购买民间图书馆服务的模式划分为依存关系竞争性购买、依存关系非竞争性购买和独立关系竞争性购买、独立关系非竞争性购买四种。

4.3 政府购买民间图书馆服务模式的适用性分析

综合上述观点，政府购买民间图书馆服务的模式多种多样，但并不是所有的民间图书馆都适用于上面所提到的模式，我们应该针对不同情况，选择不同的模式。政府在购买图书馆服务时，首先应明确政府、图书馆各自的职权和义务，然后针对不同的图书馆，采取不同类型的政府购买模式。

政府向社会力量购买图书馆运营服务项目的目的是确保图书馆服务的有效供给。地方政府围绕这个目标应重视以下问题：第一，明确图书馆服务提供的职责。图书馆服务是公共文化服务的重要组成部分，它具有地方性质，应由地方政府主导提供。但是，公共文化服务的提供和生产是可以分开的，政府是基本公共文化服务的提供者，不一定是服务的生产者。第二，加强图书馆运营服务的购买意识。政府长期以来习惯直接提供公共服务，负责生产、提供和监管服务的全过程，这种全部包揽的公共服务思想并不利于提供民众真正需求的服务。相反，部分服务购买反倒可以起到提升专业化服务水平、提高服务效率、降低服务提供成本的正面作用。第三，深入了解民众的文化需求。广大民众是图书馆运营服务的直接受益者，因此，政府在购买服务前要广泛了解民众的需求，确立图书馆的办馆理念，构建合理的需求反馈机制，选择适合图书馆发展的承接者，保证购买图书馆运营服务的质量。第四，规范图书馆运营服务的购买资金使用。政府应把向社会力量购买服务的费用纳入财政预算，按照预算要求动用资金实施购买，并根据评估结果分期支付购买资金。政府在采用购买模式时要充分结合以上几个问题有选择性地选择购买模式，不要盲目地跟随潮流。

通过国内政府购买民间图书馆服务的模式可以看出，国内在实行政府购买公共服务的变革中并没有完全简单照搬国外模式，而是在结合我国国情的情况下做出的适应国内市场机制的适宜选择，是借鉴和改进的成果。国外模式较统一，具有制度化、竞争性和独立性等特点；而国内模式则出现了多元化，既有制度化、竞争性和独立性等特点，也有非制度化、非竞争性和依附性等特征。但图书馆运营服务外包的模式在我国才刚刚起步，对它的理论研究和实践认识都需要一个过程，效果也需要时间的检验。因此，地方政府对一些条件不成熟的图书馆切不可操之过急、盲目推向市场，只有在购买条件具备的情形下，如政府有较强的监督管理能力和较为丰富的购买经验、相关图书馆发展受到限制，政府才可以考虑实施图书馆运营服务社会化购买模式。

第5章　政府购买民间图书馆服务的保障机制

图书馆是一个很重要的公共服务领域，因此政府购买公共服务自然不会将图书馆这个领域排除在外。目前，政府购买公共服务已成为很多国家政府治理公共图书馆最为普遍的模式之一。但是这种模式在我国却属于新生事物，成效尚未充分显现出来，政策与法规的不成熟、理论研究的不足加之实践探索的不深入，导致问题很多而且复杂。如今，尽管政府面向民间力量购买图书馆服务已经具备了一定的保障机制，具体表现在法规政策的不断出台与完善、财政投入的持续增加，但是在具体实践中还存在着一定的问题。

5.1　我国政府购买民间图书馆服务保障机制的现状

5.1.1　法律法规政策制定现状

建立健全的法规政策是政府购买图书馆公共服务的制度保障。《中华人民共和国政府采购法实施条例》从 2015 年 3 月 1 日起正式施行，条例明确《政府采购法》第二条所称服务包括政府自身需要的服务和政府向社会公众提供的公共服务。

为推进政府购买公共服务的发展，国家先后出台了一系列政策规范性文件。2013 年 9 月，国务院办公厅印发《关于政府向社会力量购买服务的指导意见》（下文简称《意见》）。《意见》明确要求在公共服务领域更多利用社会力量，加大政府购买服务的力度。《意见》具体阐明了政府向社会力量购买服务的指导思想、基本原则和目标任务，并对购买主体、承接主体、购买内容、购买机制、资金管理、绩效管理等诸多方面给出了指导性意见。之后，财政部发出了《关于做好政府购买服务工作有关问题的通知》。2014 年 11 月，财政部、民政部印发《关于支持和规范社会组织承接政府购买服务的通知》；同年 12 月，财政部、民政部和工商总局三部门联合下发关于印发《政府购买服务管理办法（暂行）》的通知（财综〔2014〕96 号）（下文简称《办法》）[1]。

除此之外，2015 年 1 月，中共中央办公厅、国务院办公厅印发《关于加快构建现代公共文化服务体系的意见》（中办发〔2015〕2 号）。其中，第十条明确指出“鼓励和引导社会力量参与”，建立健全政府向社会力量购买公共文化服务机制，出台政府购买公共文化服务指导性意见和目录，将政府购买公共文化服务的资金纳入财政预算；第十一条就“培育和规范文化类社会组织”做出指示，要求加强对文化类行业协会、基金会、民办非企业单位等社会组织的引导、扶持和管理，促进其规范有序发展。[2] 2015 年 5 月，国务院办公厅转发文化部等部门《关于做好政府向社会力量购买公共文化服务工作的意

① 关于印发《政府购买服务管理办法（暂行）》的通知，http://www.mof.gov.cn/mofhome/zonghesi/zhengwuxinxi/zhengcefabu/201501/t20150104_1175300.html。

② 中办、国办印发《关于加快构建现代公共文化服务体系的意见》，http://www.gov.cn/xinwen/2015-01/14/content_2804240.htm。

见》的通知[①]。该通知随附《政府向社会力量购买公共文化服务指导性目录》，"公共图书馆/室、文化馆/站、村/社区综合文化服务中心（含农家书屋）等运营和管理"，"公共电子阅览室、数字农家书屋等公共数字文化设施的运营和管理"，以及"民办图书馆、美术馆、博物馆等面向社会提供的免费或低收费服务"明确列入其中。

无论是《意见》还是《办法》都一致强调：政府向社会力量购买服务，就是通过发挥市场机制作用，把政府直接向社会公众提供的一部分公共服务事项，按照一定的方式和程式，交由具备条件的社会力量承担，并由政府根据服务数量和质量向其支付费用。同时，《意见》和《办法》就政府购买服务的重要性、指导思想、基本原则、目标任务、购买主体、承接主体、购买内容、购买机制、绩效管理、组织领导、工作机制、监督管理等方面做了基本规定。但是在我国，基于各地的实践探索发现，政府购买服务除了明确目标任务、指导思想外，更多的是涉及一些具体问题，而目前的法律法规或政策对具体问题缺乏更为明确、具体的操作部署。《意见》中明确提到，到 2020 年在全国基本建立比较完善的政府向社会力量购买服务制度。但是到目前为止，比较完善的政府购买公共服务的管理制度尚未形成。[②]

在政府购买图书馆服务的实践过程中，不断建立健全相关制度和政策，可以保障政府购买民间图书馆服务的有效性及推广实施，也可以进一步引导政府购买图书馆服务并规范其实践过程。但是，政府购买图书馆服务作为新生事物，缺乏实践经验积累，在这一初步探索和尝试阶段，这些政策法规的实际指导意义较为有限。因此，各地文化主管部门应及时根据国家政策精神和法律法规，结合图书馆行业的发展状况和公众需求，细化和明确购买图书

---

① 《关于做好政府向社会力量购买公共文化服务工作的意见》，http://www.gov.cn/zhengce/content/2015-05/11/content_9723.htm。

② 于健慧、王丽达：《政府购买公共服务制度保障不足之反思》，《哈尔滨商业大学学报（社会科学版）》2015 年第 6 期，第 65—70 页。

馆服务的程序、范围、内容等，从制度层面规范和指导政府购买图书馆服务的购买行为。

5.1.2 财政投入

从近年的政府财政预算中可以看出，政府购买服务的财政资金不断上升。2013 年，在 1.6 万亿的政府采购中，服务类政府采购增速最高，采购规模达 1534.4 亿元。从 2008 年至 2014 年，广州市、区两级政府购买服务的财政支出达 11.07 亿元，且每年都有大幅增长。北京市 2010 年至 2014 年市级社会建设专项资金已经连续五年累计购买了 2252 个社会组织服务项目，总计投入 3.5 亿元；2015 年购买了 500 个社会服务项目。

政府向社会力量购买服务的财政经费的到位与充足，是政府购买民间图书馆服务的财政保障。但就目前而言，我国政府购买公共服务可持续性财政保障机制尚未建立。《意见》和《办法》都明确指出，政府向社会力量购买服务所需资金在既有财政预算安排中统筹考虑。随着政府提供公共服务的发展，所需增加的资金应按照预算管理要求列入财政预算。这意味着，政府购买公共服务不会另外增加一部分资金，而是要在既有财政预算中统筹规划安排。换句话说，政府购买公共服务只是公共服务供给方式和财政资金使用方式的改进。政府在购买公共服务时，要根据批准的部门预算，由各部门安排购买服务计划，报财政部门后实施。在购买过程中，不仅要避免部分单位将本应由自身承担的职责转嫁给社会，也要规避某些部门将不属于政府职责范围的服务内容大包大揽，增加财政支出的压力。就现有情况来看，政府如果不能增加财政开支中用于公共服务的比例、构建政府购买公共服务财政专户统筹管理模式，就很难保证政府购买公共服务资金的及时到位，政府购买服务制度化、持续化、常态化将成为一纸空文。①

① 于健慧、王丽达：《政府购买公共服务制度保障不足之反思》，《哈尔滨商业大学学报（社会科学版）》2015 年第 6 期，第 65—70 页。

5.1.3 政府购买服务的国内外实践的借鉴和参考

政府向社会组织购买公共服务，是全球性的对公共管理进行改革的重要内容。放眼国际，20 世纪 80 年代，英美等西方国家纷纷开启了以“新公共管理”为导向的政府行政改革，通过实行公共服务市场化、社会管理契约化和服务提供竞争化等措施，以提高公共服务水平和减少财政开支。如英国 20 世纪 80 年代率先实施了以行政决策与执行相分离为内容的“执行局”改革，继而又开展了以公开服务内容和标准、接受公众监督为内容的“公民宪章运动”和通过市场检验公共服务效能的“竞争求质量运动”；1998 年，英国首相代表英国政府签署了《英格兰与威尔士政府与支援及社区部门关系协定》，在全球范围内率先将政府与民间组织的伙伴关系作为国家政策提出；2010 年卡梅伦上台后又提出并启动了“大社会、小政府”计划，重视发挥非营利组织在社会公共服务中的作用，确立了“选择”“去集中化”“多样性”“公平”和“可核查”等公共服务现代化五项原则，形成了“个体服务”“邻里服务”“委托服务”等分别适合于个人、社区、地方和中央政府采用的公共服务供给模式。美国则通过合同外包、特许经营和财政补助等方式从私营部门和非营利组织处购买公共服务，同时通过成本—效益分析等绩效评估方法，对服务提供者的服务行为实施全程监督，按质论价。目前，英美等国的公共服务市场已具相当规模，其中私营部门和非营利组织承担的份额愈发扩大，社会经济效益显著。

目前，国外政府购买公共服务的做法主要有合同外包、特许经营、公私合作、财政补助和引入竞争机制。合同外包，即政府根据自身确定的某种公共服务的数量和质量标准，经过公开招标等程序，与选定的承包商或非营利组织签订合同，将公共服务转包出去，同时对自身的履约情况全程监督核查，再根据绩效评估结果支付费用。特许经营，即政府赋予私营部门在一定时间内享有对某些特定领域公共产品或服务的垄断经营权，由其直接向公众有偿提供该类产品或服务。公私合作，即政府与私营部门或非营利组织联合、共同提供某些公共产品和服务。财政补助，即政府通过直接拨款、免税、税收优惠、低息贷款、贷款担保等形式，向一些具有较强公益性的公共产品生产者、公共服务提供者给予财政补贴。各国政府购买公共服务的具体做法虽不尽相同，但其共同特点均是在公共服务领域中引入市场机制，通过培育公共服务市场和制定实施鼓励民间主体积极参与的政策法规，以实现公共服务的最佳供给和社会及财政资源的最优配置，由此降低公共开支，提高公共服务质量，满足公众对公共服务多样化、多层次的需求。① 在公共服务领域引入竞争机制，可以提高公共财政资金的使用效率与公共福利的实践效果。

由此观之，西方国家关于政府购买服务的理论和实践都比较丰富。在我国，政府购买服务作为一种新型的政府提供公共服务的方式，虽然实践时间较短，但是发展非常迅速。据国务院要求，上海、北京、重庆、广东、黑龙江、河北、山东、江苏、四川、江西、青海、云南等省市及一些地方政府陆续出台了向社会力量购买服务的实施意见或办法；民政部及北京、河北、山东、四川、安徽等省市政府还细化出台了购买社会服务指导目录，公开政府购买服务的行业和领域。在一系列政策措施的驱动下，不少地方政府购买服务的领域逐步扩大，目前覆盖的范围包括教育、医疗卫生、社会保障、社会服务、住房保障、“三农”服务、文化体育、交通运输、市政市容、环境保护、公共安全、政府辅助性服务等十余大类数以百计的服务事项。目前，公共服务提供主体和提供方式正逐步多样化，一个政府主导、社会参与、公办民办并举的公共服务供给模式已初步形成。

尽管目前各地已公布的政府购买服务范围并不包括公共图书馆服务，但一些地方政府已先行开始试点。2011 年，江苏无锡新区管委会在全国率先尝试政府购买公共图书馆服务，其通过公开招标，将新区图书馆的建设、管理、

① 翟建雄：《中外政府购买公共服务的实践与思考》，《法律文献与信息研究》2015 年第 C1 期，第 45—50 页。

运行和服务外包给艾迪讯电子科技（无锡）有限公司，利用社会专业公司在人力资源、技术手段和管理经验上的优势，提供低成本、高效优质的图书馆服务。区管委会则通过设立由财政、审计、纪检、文化、行政等部门组成的综合考核小组，对该公司的管理与服务情况进行考评，同时邀请第三方参与测评，以确保服务质量。目前，该图书馆运行状况良好，财政投入不及苏南地区同类图书馆运行经费的二分之一，社会效益和经济效益显著。无锡新区的经验说明，图书馆外包服务既可有效解决长期以来制约图书馆事业发展的人员编制紧张、专业人才匮乏、运行经费不足、服务效益不佳等问题，同时也为解决公共文化服务规模日趋扩大与政府直接供给能力有限之间的矛盾提供了新的思路。

国内外所进行的政府购买服务的实践，为我们提供了学习和借鉴的资源。对于购买主体、客体、购买模式的选择，社会组织和政府购买主体之间的关系如何处理，服务效果、服务质量如何评估，服务过程如何监管等，这些购买服务过程中遇到的问题，图书馆行业都可以通过吸取这些先行者的经验和教训去探索和选择。

5.2 政府购买图书馆服务保障机制的完善

将政府购买公共服务引入公共图书馆领域，构建开放多元的公共图书馆服务市场，不仅仅是政府管理文化事业和财政投入方式的转变，它还将会给公共图书馆带来一系列体制机制方面的变化。首先，主体身份的转变。在公共服务市场环境下，公共图书馆将不再是提供图书馆服务的唯一主体，而将与其他社会主体同处于公平竞争地位，这种身份的转变将促使公共图书馆改变长期以来单纯依靠财政拨款和外延式扩张的发展模式，而更加注重经济核算、服务效能和社会评价。其次，职能定位的转变。市场竞争将促使各级公共图书馆重新确定各自的职能定位，有效解决长期以来存在的职能交叉、服务对象和范围重叠等问题。最后，与政府关系的转变。实施政府购买公共文化服务，政府对公共图书馆的管理方式也将发生变化，由以往的直接和微观管理向间接和宏观管理转变，由直接财政拨款向项目出资或以购买方式投入转变，通过项目委托、合同外包等市场行为，引导公共图书馆开展服务；公共图书馆则通过建立理事会制度实现法人治理，成为真正独立的市场主体，享有更多的人财物和经营管理自主权。面对政府购买公共文化服务带来的种种变化，公共图书馆业界应当有所思考、有所应变。

目前，我国政府购买民间图书馆服务的机制尚不完善，在购买过程中容易出现一系列问题。要确保政府购买图书馆服务的健康持续发展，在已有保障机制的基础上还必须完善、健全政府购买图书馆服务的组织、环境、监管与评估等保障机制。

5.2.1　组织保障机制

政府购买公共图书馆服务是一项系统工程，需要不同行业的多个部门共同参与。为了做到职责明确，必须通过权利清单来划分不同行业、不同部门的职能边界。从宏观来讲，中央政府应着重从全局制定政府购买公共服务的战略、方案、政策和标准，省级政府则在中央政府有关指示精神的基础上，结合区域实际制定适合本省的政府购买公共图书馆服务的指导目录与标准，并推动具体的实施工作；从微观来讲，财政部门应负责政府购买公共图书馆服务的目录制定，开展资金的落实、项目论证、经费拨付和使用绩效评估；民政部门则负责对参与竞标的社会组织的资质开展审查；监察、审计等部门侧重于对政府购买公共图书馆服务的监督，防范和发现违规、违法行为；政府公共图书馆事务管理部门负责项目实施与跟踪评价。除了分工之外，从实践看，深化政府购买公共图书馆服务改革更多地依赖于不同行业、不同部门之间的合作，尤其是要在政府、社会组织、图书馆之间建立战略合作伙伴关系，增进沟通与互信。在一些国家，为了密切政府、社会组织、图书馆之间的关系，往往建立“特别联络室”，就相关事宜的开展进行磋商。[①]

若要保证购买图书馆服务过程中所涉及的一系列事项的顺利完成，政府还须从综合层面设立专门的购买图书馆服务的管理机构，也就是说要将购买图书馆服务管理机构设置为政府的组成部门，并下设购买图书馆服务等方面的分支管理机构，规范购买流程，建立健全购买机制。规范政府购买图书馆服务的流程，要在充分了解社会公众需求的基础上，制定政府购买图书馆服务的规划，合理进行流程设计与安排。同时，要明确政府购买民间图书馆服务的购买主体和承接主体的职责、购买服务的内容、资金管理方式、购买方式、操作程序、评估方式、评估标准，建立健全项目申报、预算编报、组织采购、项目实施与监管、绩效评价、资金支付的规范化流程。购买工作应按照相关法律法规，采用竞争性谈判、单一来源、询价、公开招标、邀请招标等方式确定承接主体。购买主体要按照合同管理要求，与承接主体签订合同，明确所购买服务的范围、数量、质量等要求，以及权利义务和违约责任、服务期限、资金支付方式等，按照合同要求支付资金，并加强对服务提供全过程的跟踪监管和对服务成果的检查验收。

5.2.2 环境保障机制

面对新生事物，解放思想、转变意识，是政府购买图书馆服务广泛实施和持续发展的动力。政府购买图书馆服务，作为一种政府管理和服务方式的创新，理论研究和相关实践都很少，社会各界对政府购买服务的了解普遍比较浅显，传统观念根深蒂固。政府购买图书馆服务的主体——文化行政主管部门及有关部门，长期以来承担建设公共图书馆服务公众的重任，实施政府购买，意味着部分权力的出让和监管风险的增加，因此其对于这种身份转变持观望态度。承接主体——社会机构（民办图书馆、企业等），长期处于行业

---

① 陈红：《政府购买公共图书馆服务的障碍与未来方向》，《图书馆工作与研究》2015 年第 10 期，第 4—8 页。

的边缘地带，一则对于政府购买图书馆服务的相关知识不了解，二则缺乏与政府合作的实际经验，因此，缺乏足够的勇气参与政府购买服务，对于参与政府购买服务持保留态度。接受服务方——社会公众，长期以来习惯了政府直接提供的公共图书馆服务，对于非政府社会服务机构或企业来提供相应的图书馆服务，在没有取得明显成效或没能得到真正的好处时，可能会对这种新型的图书馆服务提供方式持质疑态度。

因此，作为直接参与政府购买图书馆服务的这三方主体，都亟须解放思想、转变意识。文化主管机关及有关部门要充分认识到购买图书馆服务的意义和价值，实现由生产者到服务者和监督者的身份转变，制定政策，敞开双臂，欢迎社会力量的加入，推动政府购买图书馆服务的实施。社会机构和组织要加深对政府购买服务的了解，充分认识政府购买服务给自身发展带来的机遇，积极参与。社会公众要有开放和包容的意识，客观认识社会机构和组织作为政府公共服务有益补充的作用，以及政府在购买服务过程中的监管责任，勇于接受新生事物，亲身体验，以服务的内容和质量去评价社会机构和组织。

5.2.3　运行保障机制

政府要实现购买图书馆服务的目标，在运行过程中应采取如下六项措施。一是要全面制订一个可行的政府购买计划，预估政府购买过程中可能出现的劣势和风险，制订有效应对的策略。二是各地政府在购买图书馆服务的过程中，需要积极调研，根据当地公众对于图书馆服务的需求，分析所需购买图书馆服务的具体内容、类型和具体要求，进而考察、寻求和选择机构购买服务。三是在承接主体不充足的情况下，可采取项目分解方式购买。作为政府购买图书馆服务的承接主体，社会化图书馆服务机构的发展水平直接决定着政府购买服务的质量和水平。受我国经济体制的影响，文化行业的市场化程度较低，民办图书馆、文化社会组织和企业缺乏足够的政策支持和发展空间，数量较少、服务能力有限，在实际推行过程中，能够承接外包项目的市场主体并不多。在整体外包无法实现的情况下，可尝试选择项目分解和细化，以引入合适的市场主体进行承接，并在后期的服务过程中，对其进行管理和规范，引导其发展壮大。政府在购买图书馆服务摸索前行的初期，要积极制定培育社会力量发展的优惠政策，在资金、政策、场地、税收等方面加大支持力度，鼓励更多的社会力量参与进来；通过试点实践，从中挑选一些实力较强、信誉较好的社会力量加以培养，并不断规范其管理，提升其服务水平。四是政府在购买图书馆服务的过程中，也要以正确的态度和合理的制度来建立政府和社会力量之间的信任感。政府面向社会力量购买图书馆服务，买卖双方建立的是一种平等的契约关系。政府在态度上要摆脱行政管理的权力意识，避免强加于人，坚守契约精神，平等沟通协商，履行职责，给承接主体以尊重；制度上，通过规范购买流程、建立健全制度，坚持公开、公平、公正的原则，给承接主体以安全感和信任感。社会机构也要客观看待政府在购买图书馆服务时的监管责任，认真履行自身的义务，以自身良好的服务来赢得尊重。五是引进人才。政府可多招募这个领域的研究者与技术人员，对不熟悉该领域的员工开展有关培训。六是对绩效考核制度进行完善。不仅要考核公众是否得到了符合质量规范的服务，还需要考核公众从中受益的真实程度。

5.2.4 监管保障机制

政府购买图书馆服务监督有效化、可持续化的保障之一是完善的法律制度。因此，政府购买图书馆服务需要健全监管法律制度，明确监管的内容、原则、方法、程序，建立事前、事中、事后监管制度，使监管行为有法可依、有法必依。在健全和完善政府购买图书馆服务监管立法的同时，还要注重责任追究制度的建设。在监管中一旦发现违约、违法行为，监管部门应对相关的政府部门、社会组织和个人进行劝诫，情节严重的要移送司法机关依法处理。

构建政府采购社会组织服务的监督机制。为了规范政府采购社会组织服务的行为，应逐渐建立政府采购社会组织服务的信息发布、经费预算、招标方式、项目立项、绩效评估等方面的配套监督机制，将采购、委托、评估、问责等纳入相应的法定监督程序。①

完备的监管体系也是政府购买图书馆服务监督有效化、可持续化的保障。比如，美国政府从社会组织购买公共服务的整个过程都处在严密的监管之下，这是美国建立了十分完整的监管体系的成果。目前，完善监管体系是我国政府购买图书馆服务的重要工作，在以政府监管为主的同时要加强媒体监管、公众监督、司法监督、图书馆行业监督等外部监管体系建设，将内外部监管有机结合起来，发挥各自的监管优势，弥补彼此的不足。其中，最重要的是建立与社会组织登记制度相对应的综合监管制度。我国政府必须授权登记管理部门、业务指导单位、业务主管单位及相关职能部门依法对社会组织实施监管和指导。同时，我国还有必要建立政府采购社会组织服务的信息披露制度、政府采购行为公开化制度、公众投诉制度、重大事项报告制度，健全社会组织公共服务供给评估机制和诚信机制，形成对政府采购社会组织服务的有效舆论监督和社会监督机制。

引入第三方监管机制。邀请具有专业知识的专家学者或专门机构对政府购买公共服务行为进行监管。除专业性之外，采用第三方监管机构的监管还可以保证政府购买图书馆服务监管的公正性、客观性以及准确性。我国的第三方评估监管机构主要包括审计事务所、法律事务所、会计事务所、专业调查公司等。政府可以通过税收、财政等优惠政策积极扶持和培育第三方监管主体，并且利用竞争法则，打造第三方监管主体筛选机制，不断提高监管者的监管能力与监管水平。

---

① 马国芳：《政府采购社会组织服务的困境及制度机制分析》，《中国物流与采购》2013 年第 10 期，第 70—71 页。

为保证购买图书馆服务的质量，政府要在购买图书馆服务过程中明确政府和图书馆服务承接主体的责任和义务，既要约束社会机构，避免因追求自身利益最大化而损害公共利益，也要保障社会机构能够获得相应的权益，享受政策和经济的优惠和支持。同时，要明确政府部门在购买服务时的监管责任和义务；引入第三方监管机制，制定严格的监管标准，确保监管的公平公正，保证服务质量。

5.2.5 制定公共服务的质量标准和评价机制

2012年，国家标准化管理委员会联合有关部门制定《社会管理和公共服务标准化工作“十二五”行动纲要》，明确指出标准化工作是加强和创新社会管理、进一步提升公共服务水平的重要技术支撑。政府向社会力量购买服务的过程中，应该明确公共服务质量的标准，并对每一阶段的服务做出可量化的衡量标准；同时，政府对上报的社会组织应建立规范的社会监督机制。但就我国目前的实际情况来看，缺乏独立的检查或监督管理机构，往往造成信息缺乏真实性和竞争的公平性难以得到保证等问题。对于社会组织所提供的公共服务进行专业标准化的评估，是对社会组织重要的激励与行为约束。目前，社会组织与监督机构之间利益错综复杂，对于政府购买服务的监督非常不利。政府应当专门成立由多元主体组成的评估主管部门，由其对社会组织所提供的服务标准、服务质量、服务效率等依据量化数据进行评估。评估的方式可以包括绩效考核指标评估、标准化指标体系评估等多种形式。而现有的绩效考核指标和定量指标缺少科学的指标衡量，侧重对资金、人员的考核，对具体的实施效果、落实程度和评价均存在不足。绩效评估要避免流于形式，也需要公开面向社会及广泛征询专家意见，确保其公正性和科学性。①

政府购买民间图书馆服务的关键是建立实际可操作的、可追责的政府购

① 董杨、句华：《政府购买公共服务质量保障问题研究》，《中国行政管理》2016年第5期，第43—47页。

买民间图书馆服务的评估体系。这样方可衡量实践效果，判断社会组织的承接能力，及时发现问题并提出改进措施。

首先，评估要把社会组织的资金使用运营管理、道德和法律风险等纳入评估指标，以合同为导向，重点评估社会组织在服务内容、数量、质量、完成方式、执行标准、遵循准则等方面的履约情况。

其次，为保证评估结果的全面性、公正性、客观性，建议引入包括审计、监察、财政等在内的多元评价主体，并在此基础上建立审计事务所、法律事务所、会计事务所和第三方评价机制，增强监管的社会性和评估的专业性、中立性。在评估过程中要重点参考读者的评价，突出读者在评估中的重要性。

对政府购买民间图书馆服务的评估要避免单纯的事后性评估。既要对政府的购买需求、购买方案进行评估，又要对承接社会组织的公信度、服务能力、既往业绩等开展评估，还要对政府购买民间图书馆服务的效果进行总体评价，最后再针对重点内容开展专项评估。

评估的结果要及时反馈给相关部门、承接服务的社会组织、图书馆和读者，建立基于评估结果的激励机制、责任追究机制和法律后果承担机制。政府部门还应制定应急预案，对经过评估未能达到合同要求的服务项目采取补救措施。

5.2.6　强化社会组织治理与专业能力培育的机制

社会组织自身的社会治理能力和专业能力直接关系到公共服务的供给质量，也影响到我国政府采购公共服务实践的发展。作为公共服务的供给者，社会组织只有不断提升其治理能力和专业能力，才能获得政府和公众的信任，从而成为政府在公共服务政策制定和实施过程中的合作伙伴。从外部环境而言，我国政府必须进一步改革社会组织登记管理制度，为社会组织的发展创造良好的、宽松的外部环境；从内部环境而言，社会组织必须不断完善内部治理机制和自身能力建设，提升服务能力、创新能力、治理能力和社会互动能力，提高社会组织的核心竞争力，积极地进行岗位技能培训，促进社会组织工作人员的专业化、职业化发展，以满足日益扩展、不断变化的公共服务需求。

政府购买图书馆服务的专业化，一方面是指这种模式本身具有区别于政府供给模式的特点和规律，另一方面是指公共图书馆服务是一项具有专门理论、专门做法、专门机制、专门技术、专门手段的专业化工作。政府购买民间图书馆服务专业化的内涵包括四个方面。其一，政策法律的专业化。指立法机关和政府部门应针对民间图书馆服务制定专门的政府购买服务法律法规和指导性政策，细化适用性操作规则。其二，政府部门要提高购买民间图书馆服务的专业化水平，一方面要掌握和运用相关的政策法规，另一方面要了解和熟悉公共图书馆服务的理论、内容、方法。其三，社会组织要在承包图书馆业务和管理工作的基础上，学习政府购买公共服务的法规政策，健全内部治理结构，加强对专业人员的培训；政府和图书馆要对社会组织的专业化能力建设提供政策、指导和监督，如建立专门的培训机构，编制培训资料，对社会组织工作人员的职业能力和品质开展专业性的等级认证，实施从业者行业准入、持证上岗、考核制度等。其四，图书馆要总结经验教训，促进传统的服务外包模式向政府购买服务模式转变。①

除此之外，还要把政府购买民间图书馆服务与培育图书馆服务市场结合起来，优化社会组织发展的制度环境，切实解决图书馆服务市场主体发展慢、规模小、功能弱和专业化程度低等突出问题。

---

① 陈红：《政府购买公共图书馆服务的障碍与未来方向》，《图书馆工作与研究》2015 年第 10 期，第 4—8 页。

第6章 我国政府购买民间图书馆服务的主要障碍与对策

在我国，政府购买公共服务体系还不够完善，规范我国政府购买行为仍有很长的路要走。本章针对政府购买民间图书馆服务的主要障碍展开叙述，并对相关问题提出了对策与建议。

6.1 我国政府购买民间图书馆服务的主要障碍

6.1.1 缺少足够的法律法规

众所周知，法律是建立维护正常社会秩序的重要手段，较道德来说更加客观，在有限范围内的约束力也更强。在日常生活中，我们通常以道德来感染人，引导人们拥有正确的价值观，但仅仅依靠道德手段是远远不够的，我们必须利用法律手段强硬地规范行为。在公共生活中，我们可将法律的作用分为两种：规范作用和社会作用。从规范角度来说，规范作用主要用来调整人们的日常行为。而社会作用主要是从实现目的这个角度来说的，它指导人们向着更多更好的目的行动。由此可见，两者之间的关系可以归纳为规范作用是一种手段，而社会作用是一种目的。

政府购买民间组织服务这种行为起源于西方，在我国尚处于探索阶段。在图书馆逐渐由传统模式走向市场化的今天，要想使政府、民间图书馆、读者之间产生良好的化学反应，使民间图书馆充满竞争力，法律的作用不言而喻。作为一种全新的模式，政府购买图书馆服务更需要一套规范而完整的法律体系来对此进行约束。

在我国的实践中，政府购买民间图书馆服务这一行为的实施，主要依据《中华人民共和国政府采购法》。但是，在这部法律中政府并没有清楚具体地规定哪些民间组织可以列入政府的购买客体中。

由于我国在此服务领域还处于探索阶段，相关的法律法规尚未健全，已有的法律法规也不可避免地存在一些疏漏之处，所以此项工作的进行难以全面引导各级政府的具体实施。各级政府在具体实施过程中没有了约束力，就会使得相关工作的进展受到阻碍，甚至有些政府在实施过程中强行执行购买行为，严重破坏了这一服务的建设工作，导致工作效率低、价值低等一系列问题。当然，也难以避免有些政府工作人员过于追求个人功绩等一些私人意图，实施一些错误的购买行为。

6.1.2 主观认识不足，思想陈旧

政府购买民间图书馆服务在我国尚处于探索阶段，政府购买行为还属少数，收到的成效也相对较少。可以说，有限的实践导致了该探索的不成熟以及理论的相对薄弱。无论是政府还是民间图书馆、民众，对于这种新尝试都有一定的抵触情绪。从政府角度来说，购买民间图书馆服务是对传统的利益与职能布局的一种变革，很难在短时间内转变这种理念，实现“放手管理”的模式。另外，政府购买民间图书馆服务也会冲击传统的文化服务体系。这

无疑会影响公共图书馆等服务机构的工作热情，使其产生畏难情绪，从而严重阻碍政府购买的进程。此外，政府出于节约资本、降低购买风险等缘由大多会选择拥有良好声誉、具备较强实力的民间图书馆进行合作，难免会忽略一些具有特色但综合发展水平相对较低的图书馆，这也会让大多数民间图书馆产生消极情绪，影响到其办馆的决心与信心。从民间图书馆角度来看，民间图书馆一方面对自身的服务职能还认识不足，无法将自身的管理模式、服务观念进行更新；另一方面，对于政府购买存在着误解，将政府购买等同于失去了自主管理能力。因此，尽管很多民间图书馆都存在财政紧张、难以维系等困难，但还是倾向于自己寻找解决办法，而不考虑政府购买。从民众角度来看，随着公共图书馆服务内容与质量的不断提高，民众早已习惯了传统的供给方式，对民间图书馆缺乏关注与包容，间接导致了民间图书馆发展不畅。可见，大多数人对政府购买民间图书馆服务这种行为存在着较大偏见，这将会造成合作上的障碍。

6.1.3　缺少对应的监督监管

任何一种行为的实施都需要相应的监督和监管。在我国，政府购买民间图书馆服务这一举措的实施，最初是为了减轻民间图书馆的运营压力，帮助其提高业务的服务质量，进而探索出符合其自身发展规律的管理运营模式。如果将法律视为这种购买行为的第一重保护，那么监督监管就是这种购买行为的第二重保护。所以，在相关法律法规并不是十分完善的情况下，加强行政监督的力度就显得尤为重要。在我国，加强行政监督的必要性更是不言而喻。加强行政监督管理，一方面是对相关工作人员工作的检验，即有效预防并减少决策的错误，防止隐患的产生以及偏差的出现；另一方面，监督的精髓就是及时发现问题，并解决问题。只有进行有效的监督管理，才能保证政府购买民间图书馆服务的完美实施，并且保证后期的评估质量，即使发现漏洞还可以及时解决。

目前，我国监督体系尚不成熟。单单从政府购买民间机构组织服务来看，其一，没有相应的机构来监督日常的行为活动，更不要提相互配合，相互发展工作；其二，为数不多的监督监管行为将焦点主要放在了对民间组织行为的约束上，而恰恰忽略了购买民间组织服务的政府，过于抓运营过程中出现的各类问题，而没有对政府的宏观规划与指导提出建设性意见。我国现行的监督监管制度很不健全，内容很缺乏，监督行为也很不完善，需要相关部门引起重视，尽快制定相关的监管制度。

6.1.4 社会组织机构发展不够完善

很多藏书爱好者本着服务大家的美好愿望成立了民间图书馆。但是，由于民间图书馆承办方独立，而且很多民间图书馆都是公益性的，免费向社会开放，所以缺乏足够的财力支撑。与此同时，民间图书馆往往是以承办人和义务服务者帮忙这种形式苦苦支撑，长期来看，缺乏一支固定的、稳定的服务团队。

政府购买行为虽然本着解决此问题的目的，但从目前看来，我国社会组织的数量与质量远远落后于同期西方发达国家水平。发育不健全、自主性差、服务能力弱这些问题都是现实问题，政府很难如期购买此类民间组织机构的服务。

计划经济时期，图书馆作为公益性机构，在大多数人眼中受制于国家的规划与财政预算，并没有绝对的自由度。改革开放后，我国逐渐走向了市场经济，传统的观念受到冲击，图书馆服务发生了转变，一些私立社会组织机构开始寻求外包的项目。

我国的现实情况是：非政府组织机构被扶持力度远远低于政府机构，这也直接造成了民营企业和个人机构发展不平衡的问题。在图书馆事业中，政府的重心一直是大力发展国家图书馆在内的各类公共图书馆，很少有政策照顾到非政府力量组织机构的运营与服务。随着政府购买民间组织机构服务行为的升温，中央政府开始发布文件来鼓励吸纳民间公益组织机构加入公共服务中来，民间非营利组织机构的发展也出现了转机。在拥有稳定资金支持的保障下，各民间组织机构的管理观念、管理体系等只有发生相应的改变才能适应新时代的发展，从而发挥民间图书馆特色的社会职能。

6.1.5　政府购买民间图书馆服务的经验不足

政府购买民间社会组织服务的行为最早产生于西方国家，对于我国来说也算是由西方引进的新观念。政治体制的不同会导致同一事情具体执行的结果大相径庭。所以，政府购买民间图书馆服务这一舶来行为，在西方实施非常成功的条件下，在我国可能会有实施的差异。

此外，由于政府购买民间组织服务是一个新颖尝试，所以专家的理论功底并不是十分深厚，对于政府行为的指导也会出现一定的偏颇。可以说，政府购买民间组织服务的行为在我国尚处于摸索的阶段，尚未从实践上升到理论高度。

造成此问题的原因有很多。从政府角度来看，图书馆服务的传统观念在政府工作人员心中根深蒂固，政府更加注重和研究的是政府直接管理下的国家图书馆和公共图书馆的各项服务是否取得进展。由此可见，我国相关政府部门的重点仍然是直接参与公共服务的提供，对于政府购买民间机构服务的积极性并不是十分高涨。究其原因，大致有两方面：一方面是政府人员担心承担责任，怕损害自身荣誉；另一方面，我国政府部门对相关服务的拨款也严重不足。① 从民众角度来分析，大多数民众已经习惯于由政府大包大揽公共文化服务，当出现读书或查阅需求时仍然会视其为首选，即便在公共图书馆或者其他政府承办的图书馆中没有找到需要的文献资源，也不会考虑到非政府组织的民间图书馆。当民间图书馆的运营出现偏差后，民众也会带有抵触

---

① 贺伟：《政府购买图书馆公共服务的新尝试——以无锡新区图书馆为例》，《中国图书馆学报》2011 年第 37 期第 4 卷，第 254—256 页。

情绪，甚至将其全盘否定。当然，除了这一原因以外，民间图书馆机构对于政府购买这一全新的模式接触得并不是很多，对其运行模式也并不是十分了解，难免会产生一些抵触心理。这些因素的存在势必会阻碍政府购买行为的实施以及未来的发展。

6.2 我国政府购买民间图书馆服务的对策与建议

政府购买民间图书馆服务这一举措具有很强的现实意义，并且存在一定的实践基础。在我国，政府购买行为在全国范围内陆续展开。其中，无论是成功的案例，还是失败的案例，都是我们总结研究的经验基础。

政府购买民间图书馆服务这一新生事物充满着太多需要我们了解、分析、反思的内容。政府购买民间图书馆服务的成功案例是否可以照搬使用，服务过程中的制度规范是否健全，如何全面约束政府及民间图书馆的行为等问题需要我们共同参与研究。下面就将提供一些思路来进行深层次的研究和探讨。

6.2.1 认真研习法律条款，制订特色实施计划

前文提到，相关的法律法规是政府购买民间图书馆服务成功的前提和保障。随着政府对这一问题的关注度越来越高，也会有越来越多的法律文件相继出台，以直接对政府购买工作提供一定的法律保障。2013 年颁布的相关指导意见文案，明确提出了政府购买民间社会服务的相关指导思想、基本原则、任务目标等，并且对购买主体及购买方式、资金分配、绩效管理等提出了相对应的指导意见和建议，指导意见明确指出了公共服务领域需要政府更多的力量支持。① 紧随其后，财政部出台了《关于支持和规范社会组织承接政府购买服务的通知》(财政〔2014〕87 号)，把焦点放回到政府购买民间社会服务

---

① 周永红：《政府购买图书馆公共服务的背景及实践探索》，《博士论坛》2015 年第 2 期，第 39—41 页。

上面。2015 年 1 月，中共中央办公厅、国务院办公厅就印发了《关于加快构建现代公共文化服务体系的意见》（中办发〔2015〕2 号），其中明确提出了政府应鼓励引导社会力量积极参与政府购买的机制之中，政府购买公共文化服务的资金也应纳入总的财政预算。另外，第十一条则对“培育和规范文化类社会组织”做出了相应的指示。它要求对文化类行业协会、民办非企业单位等社会组织加强引导、扶持以及管理，以此来促进其正常有序发展。在接下来的 5 月份，国务院转发了《关于做好政府向社会力量购买公共文化服务工作的意见》，把民办图书馆、美术馆、博物馆等归入了范围以内。

随着诸如此类国家政策的不断出台，我们可以看出政府的重视程度在逐渐提升，政府购买民间图书馆服务有了强大的法律基础做保障。但与其他法律文件一样，它只是在宏观上进行了规定，规范了标准。各省各级政府需要认真学习文件精神，仔细阅读其规划的购买细则，根据文件提供的建议实施方法尝试进行政府购买民间图书馆服务行为。尤其是在我国政府购买民间图书馆服务行为还没有具体成型的情况下，该行为的实践过程显得尤为重要。因此，政府应调查民众需求，以及民间图书馆的发展情况，从制度上了解整个过程，并进行购买行为，以此来检验文件的效果并有针对性地修改购买计划，实现民间图书馆服务的升值。

6.2.2　改变固有思想，接受新颖体制

当政府购买民间组织服务这一观念到来的时候，大多数政府工作人员和民众都对其持有观望和怀疑的态度，这也是政府购买民间图书馆服务工作进展缓慢的一个原因。在此情况下，政府应坚持“以提高和满足人民群众的公共服务需求为着力点”这一基本宗旨来承担帮助民间图书馆发展这一重任，实施购买行为。而社会机构（民间图书馆、博物馆等）因长期处于难以自保的处境，对政府购买这种模式不甚了解，也不愿参与购买。普通读者用户也对此问题漠不关心，习惯了长期以来政府直接拨款负责的公共图书馆来满足

资源需求。在此情况下，政府购买民间图书馆服务中的几个主体——政府、民间图书馆、民众应当解放思想，共同努力，共同开阔视野。相关部门应当积极创造国际国内交流的机会，通过沟通，学习认识购买民间图书馆服务的意义和价值，实现政府文化职能的部分转变，推动购买行为的大步向前；要勇于改变尘封已久的传统管理体制，制定适应潮流的新政策，给予社会组织信任。民间图书馆等社会机构也可通过开展座谈会等方式来了解政府的激励措施、保障体制，充分了解政府购买行为的初衷，转变旧观念。社会民众作为新模式的助推器，应勇于接受新事物，勇于尝试新事物，并以自身的使用感受来监督民间图书馆的服务。

6.2.3 完善购买机制，标准化购买过程

随着购买行为的开展，社会各界对政府购买民间图书馆服务的态度发生了转变，也逐渐开始接受这种新鲜事物。于是，如何能做到规范购买流程是民间图书馆等社会组织以及民众关注的另一大问题。

政府应当在充分了解民间图书馆及广大民众需求的基础上，制定购买的总规划，并对各项具体工作进行细致的设计与建议。政府部门应该与各相关部门进行协调沟通，最终建立一个统一的项目申报、组织采购、绩效评估等规划体系。制定规划政策后公开招标，并进行多轮谈判，商讨各个环节的具体实施过程，以确保民间图书馆的承接主体。确认购买主体之后，双方依据签署的合同，明确各自的职责和任务，按计划协调实施。

将民间图书馆服务纳入政府文化服务预算的同时，政府部门也应适当在其政府信息网站公开其购买的民间图书馆服务信息，以便多渠道、准时、完整地发布给社会民众，让民众了解到民间图书馆服务购买方式等方面的变化，以便使民众起到大众监管员的作用。与此同时，政府也应吸纳不同群体来严格监管民间图书馆日常使用、经费落实情况。这样做既清晰了政府的责任和义务，也约束了民间图书馆的行为，同时满足了人民群众日益增长的文化信

息需求。民间图书馆在得到资金支持的条件下，也要充分发挥自身的潜能，加强自身建设，规范日常行为，避免因过度追求自身利益而损害社会利益的行为发生。

6.2.4　各地政府应因地制宜开展购买民间图书馆服务的行为

因所处环境不同，经济、人文等背景存在着较大差异，各级政府应在本地区进行充分调研，了解本地区人民对图书馆服务的需求与建议，进而有的放矢地选择承接图书馆进行合作。但是，正如前文所述，政府购买民间图书馆服务在我国仍处于初级阶段，所以政府购买图书馆服务的行为首先发生在几个重点城市。

无锡新区政府 2007 年起开始尝试政府购买公共服务。他们通过与艾迪讯电子科技（无锡）有限公司合作，为无锡新区的广大市民提供公共服务。2011 年 8 月，无锡新区图书馆正式开始运营，广大市民深切地感受到了政府购买新模式的成功。图书馆支持市民 24 小时自助借阅图书；数字图书馆全天开放，市民可以在 Wi-Fi 环境下通过手机、平板等无线终端登录图书馆网站浏览图书、查找资源等。此外，图书馆还尝试了社区服务等新鲜的服务模式，让社区市民足不出户就可享受到上门的图书馆服务。① 2014 年“两会”期间，李克强总理在政府报告中着重提到了倡导全民阅读，不少市民也在调查中坦诚地提到了阅读量的匮乏，而政府及时地聚焦于购买行为让民众感受到了实体书店和民间图书馆的重要性。多种形式的合作，比如减免租金、联合经营等使许多民间图书馆重新焕发出了生机。北京西城区政府对位于营城建都滨水绿道金中都公园内的宣阳驿站“第二书房”采用了民办公助的政府购买方式。“第二书房”是一家以家庭亲子阅读为主题的会员制连锁图书馆（阅读空间），它的定位是“父母学堂，儿童书馆”，目的是通过精美的好书、舒适的

---

① 刘晓婷：《图书馆服务的政府购买研究》，《图书馆学刊》2013 年第 6 期，第 3—6 页。

环境、各种特色活动来营造出一个百姓身边的阅读空间（它可以说是除了家庭和学校之外的“第三空间”）。政府领导坚持了这种利用公共空间为百姓服务的宗旨，百姓也十分喜爱这样的阅读环境，体验了浓厚的文化生活氛围。此外，上海、广州等地政府也购买了民间图书馆服务，提高了居民文化生活的整体水平。

由此可见，政府购买民间图书馆服务的形式也可存在不同，既可以购买整个民间图书馆服务，亦可以通过购买其中部分主体来宣传管理运营理念。这无疑给其他各省份各级政府提供了新视角。做到因地制宜，有效结合自身发展情况开展购买服务成为该模式发展成功的关键。

6.2.5 鼓励更多的社会力量参与，彼此相互信任

民间图书馆作为政府购买的主体，其发展水平直接影响政府购买后的实施水平。但由于政府政策和其他因素的制约，民间图书馆等若干文化类民间机构的数量寥寥无几，这就使得这类工作在推进过程中困难重重。

因此，在市场经济的今天，政府更应当加大力度扶持建立更多的民间图书馆。部分民间图书馆管理者思维较活跃，勇于尝试将图书馆服务外包给政府的新形式探索，但是，由于其发展空间有限、服务价值较低，政府只能进行部分购买，这给整个购买工作造成了很大的困难。由于我国民间图书馆的发展不完善，发展模式没有固定的规律可循，某些民间图书馆并没有外包的实力，这也增加了政府购买的困难。基于此种因素，社会力量应当积极尝试管理模式的变革，实现创新发展，并与政府设立的试点积极配合不断完善，以提高整体运营水平。

另一方面，政府需要对自身定位进行重新规划，明确其在购买行为中的新角色。政府要清楚合作的实质，尊重合同，避免出现错误的“权利所属”等问题。民间图书馆有别于公共图书馆等政府直属文化部门，它的所有人属于民间个体或企业，双方合作应当遵守公平、公正、公开的最基本原则，通

过长期的合作提升互信水平，在遵守制度的前提下互相尊重、相互监督。政府要给予民间图书馆足够的信任与自由，允许不同图书馆实行不同的运营制度、管理策略；民间图书馆也应有计划性地处理政府资金，认真展开图书馆服务，赢得政府及社会的普遍认可。

6.2.6 加强监督监管机制，适当引入第三方机构进行监督

除了上述完善政府购买流程等方案外，适时地引入第三方监督监管机构也是完善整个购买行为的途径之一。区别于购买主体——政府和直接承接利益者——民间图书馆，第三方机构并不存在利益偏袒等问题，可以完美地充当“正义法官”的角色，充分确保各方各司其职，公平公正地制定评价指标，监督服务质量。第三方评估监管机构的重要性不可小觑。因为政府购买民间图书馆的成本审查、承接基础、绩效评估等问题不是政府和民间图书馆自己可以解决的，双方都需要一个中立方来处理这些敏感的数据和标准，而作为中立方的监督监管机构恰恰具备了客观性、权威性等有利条件，所以深得政府及民间图书馆双方的认可。在我国，常见的第三方评估监督机构主要包括法律事务所、会计事务所、审计事务所和专业调查公司等。

社会组织自身评估不仅有利于推动政府监管方式的变革，还可以提高社会组织法人的管理能力并不断完善社会组织的信用评价体系。再者，第三方评估机制的建立本身也为政府购买民间服务提供了依据。但同时我们也应该清醒地认识到社会组织的评估仍然存在一些问题，例如自身发展不平衡、独立性与客观性不强、专业化水平不高等。针对这些问题，我们可以采取一些相应的措施，例如在第三方评估开展的过程中，积极鼓励公众参与进来，提高评估工作的公信力，并不断促进社会组织自身服务能力的稳步提高。

评估监管是一种手段，不是根本目的，如果我们想通过第三方评估真正促进政府购买民间图书馆服务，就必须要高度重视第三方的评估结果，且改革现有的不足。如果缺乏评估后的激励机制与变革机制，那么有无评估等级、

评估等级的高低，都会产生消极的作用，也势必会影响社会组织参与评估的积极性。所以说，通过第三方监督机构建立奖优罚劣的竞争机制是实现科学管理的必要手段，也是政府购买民间图书馆服务必须重视的一项建设，同时也是政府及民间图书馆等社会组织的必然选择。

6.2.7 增加政府财政预算，扩大资金支持

政府购买民间图书馆等其他社会组织服务的资金来源只有专项资金、预算外资金和预算内资金三种。上文介绍的地方政府购买民间图书馆服务大多是动用了专项资金。随着政府购买民间图书馆服务行为的制度化、流行化，将此部分资金纳入政府公共财政预算体系显得尤为重要。成熟的财政预算明确了政府的文化职能，也给民间图书馆带来了一定的安全感。可喜的是，政府已对此问题予以考虑。国务院办公厅于 2015 年 5 月转发了《关于做好政府向社会力量购买公共文化服务工作的意见》（以下简称《意见》），其中明确了很重要的两点：第一，将所需的资金列入财政预算之中，从既有预算中统筹安排；第二，有计划地逐步加大现有财政资金向社会力量购买公共文化服务的投入力度。从以上两点可以看出，政府明确对已有购买预算安排的项目，可以根据实际情况进行微调，调整通过政府购买服务的方式交给社会力量。在购买价格问题上，《意见》建议购买价格或者财政补贴要根据承接主体服务的具体内容和质量进行调整，合理标价，避免资金浪费或者资金不足等情况。政府购买民间图书馆服务要清楚购买的是全部服务还是部分服务，并在此基础上与图书馆商讨合理的定价。相比之下，我们可以总结现有案例的成功经验，学习西方发达国家成熟的经验和方式，尽快将政府购买民间图书馆服务或其他公共服务纳入政府财政体系。

6.2.8 政府开展对民间图书馆服务的绩效评估

开展绩效评估是政府购买民间图书馆服务体系中的一项十分重要的内容，

对政府购买民间图书馆服务具有十分重要的意义，并且也是现在亟须解决的问题。建立切实可行的政府购买民间图书馆服务的评估体系，可以检验政府购买民间图书馆服务的有用性，以及衡量实践的有效性，及时发现问题并解决问题，以保证政府购买的不论是民间图书馆还是其他类型馆的服务都可以得到切实可行的实施效果。在开展绩效评估的时候有以下几个问题需要考虑：第一，尽量使评估主体多元化，避免主观性判断，增强客观可操作性；第二，评估应该严格按照合同规定的内容进行实践；第三，明确评估指标的选择，防止片面化，并且不断提升评估的专业化水平，提高工作效率。

总之，政府购买民间图书馆服务，将服务领域扩展，建立更加开放多元的图书馆服务市场，不仅会带来管理体制以及财政投入的变化，也会给政府的职能以及一些传统图书馆的服务带来很大的影响。其一，政府的角色将会发生转变；其二，公共图书馆将不再是政府图书馆服务的唯一组织机构，民间图书馆的加入会产生激励作用，改变公共图书馆长久以来一成不变的服务理念与工作方式；其三，民间图书馆通过政府的政策、资金支持，会克服之前发展中存在的种种障碍，促进自身的发展。

第 7 章　政府购买民间图书馆服务的风险及其防范

7.1　政府购买民间图书馆服务的风险及其类型

7.1.1　政府购买民间图书馆服务的风险

民间图书馆具有运行灵活、经营成本低、服务个性化等多方面优势，是图书馆群体中的一股新生力量，但其目前处于起步阶段，一般规模较小，且多为个人或公益组织举办建立，管理相对松散，在文献资源的数量和质量方面存在着一定问题，而且由于自身实力较弱，缺乏稳定性，抗风险能力不强，在维持自身的生存空间和持续性运营方面有一定困难。

政府从图书馆服务的直接提供者转变成购买民间图书馆服务的需求者，同时其本身作为广大社会群众的服务提供者和纳税人所缴税款的财政支配者，在购买民间图书馆服务过程中面临着来自自身需求方的管理、法律、财务、市场、信用与责任风险；民间图书馆作为服务提供方，要承担社会受众以及此过程中的相关利益者所带来的风险。

7.1.2　政府购买民间图书馆服务风险的类型

（1）需求方风险

政府作为购买民间图书馆服务的主体，在购买民间图书馆服务过程中面临着一系列风险，包括管理风险、法律与财务风险、市场风险、信用与责任风险。

①管理风险

政府购买的民间图书馆服务，不能任由服务提供方自行运营，应当在服务提供过程中建立评估指标、评价体系，让受众真正在其中享受到政府服务的红利。这才是将改革红利惠及人民。

民间图书馆所提供的服务本身具有特色化、个性化和针对性。在民间图书馆服务的购买过程中，政府作为购买主体，从中央到地方，从地方到基层，如果政策的实施有一定偏颇，所购买的民间图书馆服务由于其固有的体量限制，难以做到因地制宜，极易导致形象工程。如果在购买民间图书馆服务过程中管理不到位，这种“购买”行为不仅可能降低政府机关的工作效率，而且可能会成为政府部门工作人员为减轻自身的责任和变相增加财政开支的借口，产生大量的腐败问题。政府购买民间图书馆服务的过程中，如果政府管理存在着很大问题，那么购买图书馆服务的政策很容易出现偏差。

②法律与财务风险

政府购买公共服务属于政府采购的一部分，应当遵守《中华人民共和国政府采购法》的相关规定。《中华人民共和国政府采购法》第二条规定，政府采购是指各级国家机关、事业单位和团体组织，使用财政性资金采购依法制定的集中采购目录以内的或者采购限额标准以下的货物、工程和服务的行为。从政府采购的定义可以看出政府采购客体包括货物、工程和服务三方面，其中服务方面应该包括公共服务，这样，就使政府购买公共服务有法可依。政府购买公共服务是公共服务民营化的重要举措。

社会各界应该对政府作为购买主体向社会力量购买公共服务保持足够的警惕。在政府购买公共服务配套制度不完善的情况下，政府在购买公共服务时应该慎重地投入财政资金。因为政府向社会力量购买公共服务有可能会产生腐败问题，一些政府机关以公共服务的名义设立各种各样的事业单位或非政府组织，并与这些组织单位之间建立经济利益关系，从而形成特殊的权钱交易渠道。由于民间图书馆提供服务的个性化和多样性，特别是一些服务本身具有即时性与产品虚拟性，使得投入财政资金比重的衡量存在一定风险。所以，如果购买不当可能会导致整个社会资源配置更加混乱，社会腐败问题更加严重。全国人大常委会应根据政府购买民间图书馆服务的现状，结合专门的法律条款，细化相应的法律法规，防止一些政府部门打着购买公共服务的旗号扩大行政权力，甚至直接进行权钱交易。

③市场风险

政府作为为人民服务的主体承担相应的责任与义务，政府购买公共服务的出现，使得政府角色由原来的社会服务的提供者转变为社会服务的购买者。因此，如果政府购买公共服务的法律法规和监管不到位，那么政府购买公共服务不仅会导致政府权力权限模糊，而且还会压缩市场主体和非政府组织的生存空间。市场环境的错综复杂、图书馆服务市场信息的杂乱无章均会对政府购买民间图书馆服务构成风险。这就要求政府进一步健全相关政策法规，完善市场，健全民间图书馆提供服务的准入机制，更加注重服务规范和制度制定者的责任。

政府购买是政府作为经济主体购买市场中服务的行为，学理上将之归结为“政府经济行为”。在政府购买公共服务激励性的把握上，市场化的基本定位需明确以下几点：一则明确市场化购买的动因；二则明确购买要素，即政府购买服务的方式和购买服务的范围；三则确认政府购买公共服务规范化运作的法律程序。政府购买民间图书馆服务的实质是借助专业服务机构的优势提升公共服务的水平，是政府提升公共服务层次的举措。①

政府向民间图书馆购买服务，在本质上是为了更好地向公众提供公共服务。在政府向社会力量购买公共服务的过程中，二者是一种相互配合的关系。这个过程必须有法可依，否则，政府购买民间图书馆服务的行为有可能演变成推卸自身责任、转嫁政府负担、压缩市场主体生存空间、滋生腐败的行为。

同时，当政府不作为服务的直接提供者，而且不再将“官方图书馆”作为唯一市场目标在市场上购买图书馆服务时，服务的界定将出现一定问题。较之于采编业务等传统的图书馆服务，民间图书馆服务更为多样化、个性化，相关服务产品的市场价格标准、质量标准难以直接准确地标定。市场的缺陷导致民间图书馆的数量、质量、业务、专业性等多个方面难以划定。

在面对并不成熟的图书馆服务提供市场时，由于缺乏良性竞争与完善的市场体系，政府难以轻松方便地掌握有效的信息源，在产品和服务遴选上有着很大的局限性。政府在决策过程中，信息的不对称会导致搜寻成本增加、工作效率降低。又由于图书馆提供的服务本身又具有很多专业性特征，负责政府购买公共服务的政府工作人员在最终决策之前既面临着供应方资质、信用、能力方面的选择，又面临着市场信息混杂、信息严重不对称难以判断的困境。

④信用与责任风险

政府要在所购买的服务上见成效，就要公平公正，保障权为民所用，把人民群众的纳税钱用到实处。政府在购买民间图书馆服务的过程中，要以契约的方式把向市场购买的一系列服务提供给广大人民群众。民间图书馆作为提供商，是服务运营的代理者，其提供服务的质量关乎政府的公信力与形象。

（2）供给方风险

民间图书馆作为服务的供给方，在购买过程中，直接承担着运营风险，同时在市场承接服务的过程中面临着信用风险。

---

① 骆路金：《经济法视野下政府购买公共服务的激励分析》，《宁波广播电视大学学报》2012 年第 3 期，第 82—88 页。

现阶段，我国一定数量的非政府组织只有完全依靠政府拨款才能生存下来，这显然不是非政府组织发展的科学之路。科学的发展道路应该是，非政府组织凭借自身的优势，向社会公众提供政府作为服务主体不能提供的公共服务，以此来获得社会的信赖和支持；通过公众的力量建立良性的循环机制；通过提供公共服务的方式，不断扩大自身的生存空间。

民间图书馆的建设主体多种多样，私人、团体、组织良莠不齐，在缺乏业务统一衡量标准、市场信息不对称、政府订单招标渠道不畅的情况下，作为购买方的政府偏向于选择有专业优势、良好社会声誉或有过合作基础与合作经历的社会组织，而非面向全社会招标的方式来降低风险。民间图书馆在这种情况下难以长久运营。同时，民间图书馆在无法获得稳定的政府购买机会前，由于市场的参与度低，导致自身面临着持续发展的困境，资金、人员的可持续发展有着很大问题。

民间图书馆体量小巧，在并不充分竞争的市场环境中，在自身资质认证、获取政府订单的机会方面存在很大劣势。同时，民间图书馆缺乏有效约束，没有行业规范和业务标准，导致供给方之间的竞争存在一定问题，容易造成获取政府订单的民间图书馆持续做大，逐步挤压其他无法获取政府订单的民间图书馆的生存空间。市场主体的竞争环境逐渐恶化，会导致政府购买民间图书馆服务的选择面急剧缩小，也会在一定程度上导致民间图书馆提供服务的质量无法保证。

民间图书馆由于办馆主体的差异性导致各图书馆之间的差异巨大，彼此之间缺乏比较，服务、产品的质量、价格和标准厘定困难，难以获得共识。这为民间图书馆获取社会认知、民众认可带来很大困难。这些困难一方面对民间图书馆接受外界捐款和志愿者支持造成了阻碍，另一方面也有碍民间图书馆事业、基层文化组织整体的发展。

(3) 用户风险

这里的用户风险是指图书馆服务的消费者（社会、人民群众）在接受政府购买的民间图书馆服务过程中所面临的风险。

民间图书馆提供的服务在个性特色或针对性专业价值藏书方面有着一定优势，但是政府在购买民间图书馆服务的过程中，在业务评估和业务标准等方面不健全，可能导致本就缺乏图书馆服务的地区的群众在接受这类服务时缺乏专业性与针对性，无法切实提高公众的文化素养。

(4) 利益相关者风险

在政府购买民间图书馆服务的过程中，公共图书馆、专业图书馆、高校图书馆等也不同程度地承担着一定风险。

在传统环境下，政府作为图书馆服务的直接提供者，使得行政系统体制框架内的公共图书馆成为唯一主体向社会提供服务，以此来满足公众的文化需求。政府购买民间图书馆服务的行为将逐步打破公共图书馆垄断服务供给的状况。民间图书馆以其小巧、灵活、服务便捷、区域覆盖密集等优势抢占市场，直接或间接地导致政府对公共图书馆建设投入的减少。用户的分散、专业人才的流失、供应商的转变、政府订单的减少都为公共图书馆的发展带来诸多考验。

民间图书馆分布广泛，较之于公共图书馆的中心式建设，其覆盖面积更为广阔。在民间图书馆获得政府订单的情况下，公共图书馆的口碑、用户入馆率、服务等多方面均会受到一定影响。

政府购买这类社会力量所提供的图书馆服务势必为传统的市场格局带来变革。公共图书馆在这一过程中要适应市场、环境的变化，找到与民间图书馆相辅相成的契合点。

7.2 政府购买民间图书馆服务的风险防范

2013 年 7 月 31 日，国务院总理李克强主持召开国务院常务会议，要求推进政府向社会力量购买公共服务的进程。会议要求，制定政府购买公共服务指导性目录，明确政府购买服务的种类、性质和内容。同时，要按照公平、公正、公开原则，严格程序，强化竞争，通过优胜劣汰来确定承接主体，并严禁转包。具体做法是，在既有预算中安排支出，以事定费，规范透明，强化审计。同时，建立严格的监督评价机制，全面公开购买服务的信息，建立由购买主体、服务对象及第三方组成的评审机制，评价结果向社会公布。①

2015 年 5 月，国务院办公厅转发文化部、财政部、新闻出版广电总局、体育总局《关于做好政府向社会力量购买公共文化服务工作的意见》（以下简称《意见》）。《意见》明确提出到 2020 年，在全国基本建立比较完善的政府向社会力量购买公共文化服务的体系。

与《意见》一同印发的还有《政府向社会力量购买公共文化服务指导性目录》（以下简称《目录》）。《目录》是面向全国的具有指导性的购买服务目录，包括公益性文化体育产品的创作与传播，公益性文化体育活动的组织与承办，中华优秀传统文化与民族民间传统体育的保护、传承与展示，公共文化体育设施的运营和管理，民办文化体育机构提供的免费或低收费服务等五大类内容。《目录》“四、公共文化体育设施的运营和管理”的部分，含有“（一）公共图书馆（室）、文化馆（站）、村（社区）综合文化服务中心（含农家书屋）等运营和管理”；“五、民办文化体育机构提供的免费或低收费服务”的部分，含有“（一）民办图书馆、美术馆、博物馆等面向社会提供的免费或低收费服务”“（四）民办农村（社区）文化服务中心（含书屋）面向社会提供的免费或低收费服务”。

这些条款都为民间图书馆参与政府购买公共文化服务提供了政策依据。②因《意见》规定购买服务的承接主体应是依法注册登记的实体，故已经注册为民办非企业的民间图书馆，有望最早被政府纳入向社会力量购买公共文化

① 中央政府门户网站，http：//www. gov. cn/guowuyuan/2015-07/31/content _ 2906892. htm。

② 国务院办公厅转发文化部等部门关于做好政府向社会力量购买公共文化服务工作意见的通知 _ 政府信息公开专栏，http：//www. gov. cn/zhengce/content/2015-05/11/content _ 9723. htm。

服务工作的安排中。民间图书馆协会筹备组呼吁各民间图书馆尽快向民政部门申办民办非企业身份。

这些文件的出台使得政府购买图书馆服务这一行为引起了图书馆界的高度关注。政府购买图书馆服务，既是政府本身积极转变政府职能、创新服务方式、提升资源利用效率的手段，也可以有效扶持助力小微型民间图书馆的迅速发展，进一步激发图书馆活力，推动文化事业建设。在规避政府购买民间图书馆服务产生的一些风险时，要从环境上加以培育，政策上加以引导，制度层面有法可依、权责分明，从而形成完善规范的良性竞争体系。

具体来说，规避、防范政府购买民间图书馆服务的风险要做到以下几方面：

（1）培育民间图书馆使其具有良好的发展环境

民间图书馆在运营中需要资金、人力、馆舍，这不仅要靠社会力量的帮助，更需要政府出台政策支持。

营造良好的社会文化环境是基层图书馆事业可持续发展的重要保障。当前，文化建设越来越成为政府改革转型中建设服务型政府的重要组成部分，我国很多地区将建立健全公共图书馆服务体系作为发展公共文化事业的重要内容，社会教育、家庭教育越来越看重书香教育，“建设书香社会，倡导全民阅读”已经成为社会的共识。

地方政府通过出台规定，提供环境、政策、场地等方面的便利，支持鼓励民间图书馆拥有良好的发展环境，使得有意投身民间图书馆建设的团体、有条件的个人有信心投入民间图书馆的建设中。

民间图书馆日常管理运营多由个人、组织直接负责，或采取志愿者服务管理的模式，人员存在很大的流动性，在阅读的引导、图书馆服务专业性方面有着一定的不足。地方政府可以与本地高校、研究机构进行协调，为民间图书馆提供专业的支持。

（2）加强对民间图书馆的监督引导

民间图书馆的管理运营相对灵活多变，但存在不规范、难监管等问题，政府要购买民间图书馆服务，必须对其加强监管与引导。政府在购买民间图书馆服务的过程中以管促建，在支持的同时加强监管。

在政府购买民间图书馆服务的环境下，民间图书馆成为市场中的服务提供主体，直接深入参与到图书馆事业乃至文化事业建设的过程中，政府对于市场中的这些主体要加强监管、规范，避免民间图书馆在参与市场活动的过程中出现权钱交易、破坏市场环境、扰乱市场秩序的行为；同时要对图书馆服务、产品的业务运行与提供、价格进行界定，严把质量关；明确民间图书馆作为政府购买环节服务提供商的资质、准入门槛。

（3）建立健全相关的政策制度

政府购买民间图书馆服务打破了公共服务由政府垄断提供的局面，可以有效地引导民间资本多角度地参与社会公共服务，推动社会非营利组织的发展，并拓展市场组织主体功能领域。政府在购买民间图书馆服务的过程中需要有公开透明的购买流程、非垄断的购买方式和服务项目透明的资金投入与支出。政府购买民间图书馆服务必须有明确的界限，其不仅体现在政府权力必须是明晰的，同时政府的义务也必须是明确的。

要坚持公开透明、公平竞争和用户满意的基本原则。其主要体现在以下方面：购买民间图书馆服务的法律、政策、程序和采购的全过程都应公开透明，做到提供商之间的公平竞争，以社会公众满意为标准对购买活动进行客观性、公正性、专业性和科学性评估；政府要积极以《中华人民共和国政府采购法》和《中华人民共和国政府采购法实施条例》为基础制定政府购买图书馆服务的管理办法，对购买图书馆服务的原则、主体、流程和职责做出明确规定，制定民间图书馆服务标准，依法确定购买需求、购买计划，以及合同的招标、签订、实施、监管、评价和奖惩办法；要完善预算管理，恰当设置图书馆服务的类别和品目，科学合理地编制政府购买公共服务预算，做好图书馆服务项目支出标准的测算和核算工作；建立追责制度。同时，要完善购买图书馆服务的预算管理和评估工作，制定公正的、有效的、合理的、系统化的评估标准，对所购买的服务进行监督和检查，定期考核和评估所购买的图书馆服务。根据不同的评估结果，政府给予社会组织不同的经济补偿和提供制度化的资金保障，完善具体的民间图书馆服务采购制度，实现公共资金产出的最大化。

要优化图书馆服务购买决策机制。要通过扩大社会公众的话语权、参与权和决策权，或引入第三方社会调查机构的方法，切实了解社会公众的图书馆服务需求，在体现和尊重民意的基础上进行科学决策；要提高政府设置购买图书馆服务议程的能力，科学制定图书馆服务购买的总体规划、具体范围、服务标准、实施流程、购买方式、合同签订和执行等；要加强政府学习能力的建设，尽快适应包括购买图书馆服务在内的公共服务市场趋势，通过改善认知模式和强化团队学习应对购买图书馆服务带来的变革；要建立信息公开、投诉处理和责任追究等机制，防范购买过程中出现纰漏、失误和腐败等问题；要灵活运用合同外包、公私合作、直接补助和凭单制等多种购买模式；要在提供商的选择与服务契约的签订、执行、监督和评估等各个环节推行透明化和动态化管理，建立风险防范机制；在政府与提供商之间构建风险分担机制，依法依规打击寡头价格联盟行为，建立多主体、多样式相结合的服务质量评价体系；要建立和完善图书馆服务提供商诚信数据库，监督、激励提供商严格履行购买合同。

总之，要通过法律法规规范政府购买民间图书馆服务过程中政府的购买行为、民间图书馆服务提供商的行为，保障广大人民群众的权利。

（4）培育和规范图书馆服务市场

要把政府购买图书馆服务与培育图书馆服务市场结合起来，优化社会组织发展的制度环境，切实解决图书馆服务市场主体发展慢、规模小、功能弱和专业化程度低等突出问题。

要建立健全图书馆服务社会组织登记管理制度，实施扶持图书馆服务社会组织发展的优惠政策，完善对图书馆服务社会组织的监管政策，如对民间图书馆服务市场主体的注册登记、资金、税收、采购等环节实施扶持政策；要加快培育社会公众急需、服务能力强、发展前景好的公益性图书馆服务社会组织；要积极实施政策创新，探索建立公益产权、专项基金、标准化建设等制度，努力形成管理规范、具有竞争力和活力的图书馆服务市场。

（5）推动形成公共图书馆与民间图书馆相辅相成的可持续发展局面

公共图书馆必须进一步明确自身定位。实际上，推动公共图书馆可持续发展是政府实施购买图书馆服务政策的法理基础，也是防范购买图书馆服务风险的根本保障。因为公共图书馆是政府为保障公民公平获取知识或信息而设置的公益性机构，政府提供公共图书馆服务这样一种公共产品是政府必须履行的基本职能，体现的是政府自身存在的正义性与合法性。

政府在购买民间图书馆服务的过程中，势必要向社会力量进行一定的财政资金倾斜，但要避免重复建设，保证公共图书馆资金投入的制度化。政府在购买民间图书馆服务的过程中，要引导公共图书馆依托原有渠道、专业的业务水平、管理团队帮助民间图书馆进行工作人员培训、硬件建设与维护。政府作为纽带，要积极探索图书馆的服务模式、服务思路，避免二者内耗，有计划地推动图书馆服务的标准化、多样化、个性化，提升专业能力和拓展核心业务，培养贴合市场需求的新型专业馆员，实现财政资金利用的最大化。

民间图书馆不受政府区域限制，根据市场需求提供服务，可以作为公共图书馆服务的有力补充，扩大图书馆服务的覆盖区域；部分民间图书馆由于是私人成立，有特色的服务活动、蕴含专业价值的藏书与藏品，可以为市场上有特殊需求的用户提供有针对性和个性化的服务。通过政府有计划、有目标地购买民间图书馆服务，引导民间图书馆成长、发展，与公共图书馆互为补充，良性竞争，推动形成公共图书馆与民间图书馆相辅相成的可持续发展的局面，弥补以往服务覆盖范围不足的缺陷，将纳税人的钱落到实处，最终真正助力文化事业，推动社会主义精神文明建设的大发展、大繁荣！

随着移动互联网的发展、移动终端的普及和人们阅读方式的改变，公共图书馆的传统社会功能正在慢慢被分解，借书还书、书目查询等基础服务项目都可以借助计算机技术来实现，越来越多的图书馆员正在从以往的传统工作中解放出来。提供新型服务是时代对公共图书馆服务的新要求。移动互联网时代，实时交互与云端技术的大发展使得众多小而精的民间图书馆凭借其自身的属性优势，积极探索着数字化时代更为人性化、趣味化、个性化、多样化的图书馆服务。在这样的环境下，适用于读者需求的多种创新服务方式应运而生，为公共图书馆的持续发展注入了新活力。

王子舟教授认为，社会力量是近代图书馆发展的原动力，目前弱势群体的激增与知识资源供给的不足使社会兴起“办馆助馆”的现象。[①] 社会力量参与公共文化服务能够很好地体现图书馆的公共性、公益性和服务性，民营图书馆是弥补公共文化服务供给严重不足与分配不公的重要力量。[②]

在我国大力推广政府采购公共文化服务、政府深化改革、推进建设服务型政府的大背景下，图书馆服务成为公共文化服务体系的重要组成部分。政府购买民间图书馆服务的新模式，不仅可以直接为人民群众提供便捷的服务，助力民间图书馆的蓬勃发展，也推动刺激着公共图书馆的发展，对公共文化事业的发展有着积极作用。

---

① 王子舟：《社会力量是近现代图书馆事业发展的原动力》，《图书馆论坛》2009 年第 29 卷第 6 期，第 42—46 页。

② 王子舟：《社会力量参与公共文化服务体系建设是文化发展的理性选择》，《图书馆杂志》2015 年第 11 期，第 42—46 页。

第 8 章　政府购买民间图书馆服务的绩效评估

绩效评估作为政府购买民间图书馆服务的重要内容，贯穿于服务购买和项目实施的全过程，对于全面衡量民间图书馆服务绩效、判断政策的适用性、预防产生腐败现象、评价承接主体的能力等方面具有积极的意义。开展政府购买图书馆服务绩效评估需要认真对待绩效评估体系的建设和评估方法的选择等问题。本章将对政府购买民间图书馆服务的绩效评估的主要内容和具体评估方法进行阐述。

8.1　政府购买民间图书馆服务的绩效评估的含义及意义

政府购买民间图书馆服务将市场机制引入图书馆服务等公共服务领域，避免了原来由政府提供图书馆服务的质量低、效率低的情况，利用竞争机制促使图书馆不断改进其服务质量，也大大节约了行政管理的成本。因此，政府购买民间图书馆服务是符合市场经济发展要求的图书馆服务模式，对此项服务进行绩效评估具有重要意义。

8.1.1　政府购买民间图书馆服务的绩效评估的含义

图书馆服务绩效评估以服务质量和用户需求满意度为第一评价标准，蕴含了责任和用户至上的管理理念。其基本含义是：按照一定的标准和程序，运用数理统计、运筹学等原理和特定的指标体系，对被评估对象（图书馆服务）在一定时期内的经营或服务业绩做出综合评价。服务型政府在提高政府绩效的同时，其主要职能是向公民和社会提供优质高效的服务。图书馆服务的特性决定了政府不能像企业一样仅仅追求经济指标，而要把图书馆服务的效果作为出发点和落脚点，这既是求真务实科学精神和效率的根本体现，又是效果、效率和效益的综合体现。

8.1.2　政府购买民间图书馆服务的绩效评估的意义

从系统管理的角度来看，政府购买民间图书馆服务是一个不断循环、持续改进的过程，这个过程既以绩效评估为起始点，又以绩效评估为回归点。因此，绩效评估是政府购买民间图书馆服务环形链条中至关重要的节点，对保障最终绩效具有重要作用。其意义具体表现在以下几方面。

（1）全面衡量整体绩效

政府购买民间图书馆服务的宗旨是政府将其服务职能按照法律法规和政策要求向图书馆进行“让渡”，使图书馆成为政府的代言人，受政府委托、按照与政府的约定生产并向社会公众提供图书馆产品和高效服务。政府的绩效通过图书馆的服务绩效体现出来，因此，必须关注图书馆生产和提供图书馆服务的决策、规划、方案、行为，尤其是绩效等问题。但是，当政府与图书馆签订合同之后，如果没有对其实施监控的机制，那么图书馆就如同“脱线的风筝”游离于政府的视野之外，就可能会由于各种原因造成违约，无法实现政府购买图书馆服务的绩效目标。为防范和化解此类风险，唯一的办法就是对政府购买的图书馆服务开展过程化、详细化、常态化的绩效评估，使服务项目实施中的每一侧面、每一环节、每一阶段的成绩、问题、症结都以绩效的形式反映出来，得到全面而客观的评价。

（2）判断政策的适用性

政府购买民间图书馆服务是政府服务和治理模式的转变，更是政策和制度的创新。目前，我国政府在购买图书馆服务过程中遇到很多问题，如购买资金预算不足、选择承接主体随意、谈判与合同签订程序不规范、监督不到位等。通过对政府购买民间图书馆服务绩效的评估，能够准确找到政策与制度的缺陷，为建立更科学、更有效、适用性更强的制度与政策提供支撑。

（3）预防和发现腐败

创新与风险是相辅相成的，只有防范风险，才能保护好创新。在政府购买民间图书馆服务的过程中，政府、公职人员握有决策、规划、招标定价、签订合同、服务监督等核心权力，而图书馆也希望从承包服务中获取利润，这就为"合谋"——权钱交易创造了条件。在我国的图书馆服务外包实践中，暗箱操作、收受贿赂、串标和虚假投标等问题时有发生，由此被查处的案件屡见不鲜。这些问题能否在政府购买服务中被杜绝，预防和尽早发现腐败现象就显得尤为重要。从某种意义上讲，绩效评估正是有效预防和杜绝以上过程中的腐败问题的一种防范与预警系统。

（4）评价承接主体的能力

图书馆是政府购买民间图书馆服务的承接主体，其承接服务的能力、经验、承接服务的范围、公信力和守法意识等直接影响着购买效果。在实践中经常看到这种情况：针对同一种外包业务，有的图书馆不仅能按合同约定的数量、质量、时间完成，而且还能做出创造性的贡献，取得比合同要求标准还要高的业绩；相反，有些图书馆不仅不能完成，而且还会出现各种各样的质量问题和相关纠纷。其原因就在于图书馆对服务的承接能力的差异。准确地评价、选择图书馆是政府购买民间图书馆服务最关键的环节之一。以什么标准、按什么程序来选择，有着较大的主观性和随意性，特别是在参与竞争的图书馆数量较少（尤其是在唯一来源招标，选择余地有限）的情况下，则会放松对图书馆的评价标准，放宽选择条件，给后续工作留下隐患。在规范的政府购买民间图书馆服务的过程中，所有的民间图书馆被纳入同一评价体系，政府要用同一评价标准，公平、公正、透明地选择民间图书馆。

8.2　政府购买民间图书馆服务的绩效评估的主要内容

在当前的公共事业管理体制下，我国图书馆制度过分重视对机构的保障，对图书馆服务质量、效率及举办形式却关注较少。这种体制虽然可以有效保障公共图书馆机构的运行，但对其管理和运行缺乏关注。民间图书馆运行比较灵活，但存在着不规范、难监管等问题。政府购买民间图书馆服务后，民间图书馆的实力会增强，但需要政府强化对其的监督管理。

8.2.1　政府购买民间图书馆服务绩效评估的功能与作用

在图书馆体制改革过程中，首先要树立政府及图书馆管理部门以用户满意、答应、高兴来评判自己提供产品和服务的意识。简言之，图书馆在管理或运作过程中要以提高绩效为立足点，同时向用户和社会公众提供大量优质高效的图书馆服务。

要使图书馆服务不断满足用户的需求，就必须应用绩效评估的手段和方法，对图书馆自身和相关职能部门的工作和业绩做出准确的评价，并不断提高图书馆的服务和管理水平。绩效评估是改进服务质量和工作作风的重要方法。在服务和管理过程中，要运用绩效评估机制，检查工作中存在的问题，以提高服务水平。一方面改革管理体制，由“以养人为主”的预算模式向“以服务为主”的预算模式转变；另一方面培育多渠道、多主体的投融资模式，为资本市场投入图书馆提供政策渠道，使图书馆成长壮大，弥补政府的不足。同时，运用绩效评估的方式来加强对图书馆、图书馆资源配置和图书馆服务等的评估与监督，合理、充分地利用有限的图书馆资源，发挥社会资本参与效能，为用户提供尽可能多的优质图书馆服务——这也是构建图书馆服务的终极目标。绩效评估是实现这一目标的有效方式之一。通过绩效评估，可以看出图书馆服务和管理是否能够促进图书馆产品和服务类型总量的增长，是否增强了图书馆的服务供给能力，是否为用户提供了更加丰富的活动，是否帮助用户获得了更多享受服务的机会，用户是否得到了更加充分的参与图书馆活动和服务的权利，是否有利于提高用户的文化素质等。实施图书馆服务绩效评估是利用现有图书馆资源，实现和谐发展的有效方式，是社会公众对图书馆资源配置和使用实行有效监督的重要途径，也是政府部门改进管理、加强职能建设、提高服务效能的有效工具，对完善图书馆服务体系具有重要意义。

在实践中，图书馆服务绩效评估有五方面的功能。一是计划辅助功能。图书馆服务和管理的计划、发展目标的确定要参照多方面的信息，其中之一就是有关图书馆上一阶段的绩效情况（上一阶段的评估结果为下一阶段计划的科学制订提供相关依据）。二是监控支持功能。图书馆服务绩效评估体系开始实施后，将对各项执行情况进行严密的监测。三是预测判断功能。在对图书馆服务体系监控的过程中如发现背离原计划目标的情况，就要预测判断其可能后果并采取必要的控制措施。四是激励约束功能。对图书馆服务体系进行绩效评估可以测定其效果，辨别其管理的效果，效果好的给予奖励，反之，则进行调整。五是资源优化功能。对图书馆服务体系进行绩效评估，有利于科学设定图书馆各管理部门的发展目标，并根据实际效果配置有限的图书馆资源及经费支出。此外，图书馆服务绩效评估还有助于促进图书馆信息化建设及民主政治建设，加强与社会公众的沟通，推动建立用户参与机制；用户能及时反映诉求，提出意见和建议，促进政务信息透明公开，树立政府形象，提高服务水平。

8.2.2 政府购买民间图书馆服务绩效评估体系建设

构建图书馆服务绩效评估体系是开展绩效评估的关键环节和核心问题。评估体系的构建是一项复杂的系统工程，涉及评价标准、评估内容、评估原则和评估方法等基本要素。同时，必须认真探索并形成图书馆服务绩效评估管理的运作方式，形成严密的切实可行的运作体系。

（1）图书馆服务的评价标准

图书馆服务的质量和效益的界定，是对图书馆服务进行绩效评估的标尺和依据。图书馆服务评价标准必须从图书馆服务的实际出发，准确定位，统筹兼顾，合理布局。一是满足用户对服务的基本需求。由于社会文化发展水平的不平衡，图书馆服务的资源配置只能倾向于特定的群体，而不能要求图书馆同时满足所有领域和专业的用户的需求。二是重视图书馆服务能力的提高。图书馆服务与管理和服务能力相关，图书馆的管理水平和服务能力都有待进一步提升。因此，衡量图书馆服务的标准是一个动态的、不断完善的过程。三是图书馆采取的措施。为用户服务、以用户为中心是图书馆服务体系的核心，图书馆采取积极措施，扩大覆盖面、提高用户的参与率，保障图书馆场地设施的投入和支出，普遍建立基层图书馆活动站点，提供方便、就近的阅读场所等，是评价图书馆服务的重要标准。

（2）构建图书馆服务绩效评估体系的基本原则

以人为本、以用户需求为中心，是图书馆服务绩效管理的出发点和归宿。由于图书馆服务具有公益性和公共性特点，因而对其绩效评估应以社会效益为主要评判指标，以保障用户享受图书馆服务的权利为核心，以落实图书馆提供的产品和服务为目标，设计确定评估的模式和重点，进而形成科学合理的考评模型。构建图书馆服务绩效评估体系应遵循五大原则。一是经济原则。评估图书馆绩效的首要原则是经济原则。经济原则包括财政对图书馆服务投入的经费是否合适，使用情况和资源配置是否合理，投入和产出是否恰当。

以最小成本获取最大效益，是绩效管理的基本要求。二是效率原则。效率指标包括一定单位时间内的服务水准、服务与产品的数量、每项服务的单项成本等。效率可以分为生产效率和配置效率。就图书馆服务而言，生产效率是指图书馆服务的产品与服务的平均成本；配置效率为图书馆资源配置的效率，主要是经费的分配是否符合图书馆用户需求的优先顺序。三是效果原则。注重整体意义上的服务实现程度，如城市文化氛围、用户生活图书馆化、图书馆服务的满意度等，而不以简单的量化或货币指标来衡量。四是公平原则。注重不同社会阶层和群体需求，如“白领”、青少年、老年人、弱势群体和在职职工的图书馆权利是否得到重视和满足，特别是弱势群体是否能够得到应有的图书馆服务。五是动态原则。不断跟踪用户的需求，考核评估当前的图书馆服务水平，分析预测图书馆服务的发展趋势，不断调整服务发展战略和政策措施。除以上五大原则要求外，构建图书馆服务绩效评估体系还要注重评估程序、评估方法的公平公正原则和问责追究原则。要通过评估树立标杆，以规范化的标准来促进图书馆服务绩效的提高和服务能力的增强。

（3）图书馆服务绩效评估内容

由于图书馆服务内涵的丰富性和诸多不可量化的因素，对图书馆服务的绩效评估指标难以明确界定，只能以分值要素来定性。绩效评估指标主要包含两大要素。一是维度。维度就是依据一定标准划定评估范围类型，主要包括资源投入或成本、发展规模、社会参与度、公众满意度。资源投入或成本，即图书馆投入经费及使用状况；发展规模，即图书馆数量和规模量化的服务业绩；社会参与度，即用户的参与程度；公众满意度，即以问卷调查方式了解用户反应和回应。二是基本指标。它是维度的具体分解及提炼，是绩效评估体系中的难点和关键，直接关系到评估结果的公正性、准确性和可信度。评估体系指标要符合可行性、可测性、可分析评价的要求，能够量化的指标要尽量量化，不能量化的指标要使用如“优、良、一般、较差、差”等标准。具体评估指标由评估管理机构与主管部门精心研究制定。

（4）图书馆服务绩效评估的方法

图书馆服务绩效评估方法具体包含两大类。一类是对传统图书馆服务进行评估的方法，具体包括投入评估法、职业标准评估法、任务评估法、作业流程评估法、标杆分析评估法、系统评估法、综合评估法等。另一类是在网络时代背景下，对图书馆网络信息服务的绩效评估，包括三个方面：网络信息服务系统建设的绩效评价、网络信息资源建设的绩效评价和用户认知的服务绩效评价。

评价方法按照评价主体分为三类：自我评价、用户评价和第三方评价。这三类方法各有侧重：自我评价主要评价网络信息服务的系统建设绩效，用户评价主要评价用户感知的服务绩效，第三方评价主要评价网络信息资源的建设绩效。三类绩效评价既可单独使用，也可以综合使用。

8.2.3　政府购买民间图书馆服务绩效评估的概念化模型

目前，对政府绩效评估的理论探讨和应用实践已进行了 20 多年，但对政府绩效或服务绩效的认知依然存在很大的分歧。按照 Talbot 的总结归纳，政府管理领域的绩效至少有七种含义：责任的绩效，使用者权力的绩效，顾客服务的绩效，效率的绩效，结果、效益的绩效，资源配置的绩效，价值创造的绩效。为避免概念模糊，我们必须建立一个政府购买民间图书馆服务绩效评估的概念化模型。

（1）社会服务的绩效评估

图书馆服务是社会公共服务的一部分。由于评估图书馆服务的效率和质量并非一件易事，因此特别引进政府购买社会服务绩效评估的概念化模型，将政府向图书馆购买的服务分为两种类型：一种是图书馆的“硬性”服务，即图书馆的非社会服务，如图书馆的经费支出，其产出、效率与质量的评估具有较为客观的标准，可以清晰地界定出来；另一种是如参考咨询之类的“软性”服务，即图书馆的社会服务，其评估有诸多难以克服的困难，如评估指标的主观化、任务目标的多元化等。由于两种服务类型存在诸多差异，人们在评估非社会服务时，多重视对产出或效果的测量和监控；而在评估社会服务时，往往强调对投入或过程（如财务审查、人员培训、从业资质等）的测量和监控。

虽然社会服务在目标设定、绩效监控和绩效测量等方面均存在极大困难，但学者们并没有放弃对社会服务绩效评估的研究和探索。传统上，由于测量产出的难度大，社会服务的评估焦点则被放在提供服务的投入和过程上，按活动支付报酬，规范承包商（图书馆）的工作。随着新管理运动的兴起，人们开始重视社会服务提供的产出、品质和效果，按结果支付报酬，促使承包商（图书馆）达到预期目标。Carter、Day 和 Klein 运用系统论理念将绩效划分为投入、过程、产出和成效等四个层面，而 Talbot 进一步提出了绩效评估的四个焦点：投入的控制问题、过程的合法合理问题、效率问题、成效问题。随后，Martin 提出了社会服务绩效评估模式，从社会服务绩效评估需要涵盖的投入、过程、产出、品质和成效五个维度和效率、质量和效能三个层面进行了论证（如图 8-1 所示）。其中，效率是产出与投入之比，质量是品质与投入之比，效能是成效与投入之比。

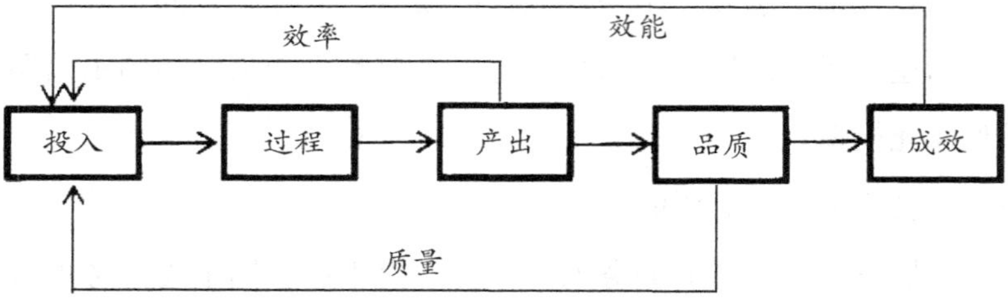

图 8-1　社会服务绩效评估模式

（2）政治价值的评估

很多学者将政府购买民间图书馆服务的绩效评估等同于对图书馆社会服务的绩效评估，只采纳了经济类指标，忽视了政治类指标。如 Martin 的社会服务评估模型中，其评估内容看似全面，但仅涉及经济影响，并未考虑到政府购买社会服务可能带来的政治影响。政府购买民间图书馆服务不同于企业采购，它是一项政治行为，必须恪守必要的现代政治价值，如公平正义、公民参与、回应性、问责制和廉洁等。然而，在政府购买社会服务中，落实现代政治价值的问题显得更加重要，同时也变得更加困难。

政府将文化服务的生产职能委托给民间图书馆的同时，民间图书馆便分享了政府的自由裁量权和财政资源的使用权。这种“权力分享”淡化了政府和图书馆之间的责任界限，却忽略了两者之间的性质差别和利益分歧，因而带来了一系列图书馆管理和政府责任的问题，这些问题都是传统行政理论尚未涉及的。从这个角度看，即使政府购买民间图书馆服务的目的是让用户获得低成本、高质量的图书馆服务，也不能将对政府购买民间图书馆服务的绩效评估等同于对图书馆社会服务的绩效评估，因为经济上的高效率和高效能不等于政治上的正当性和合理性。

(3) 政府购买民间图书馆社会服务绩效评估的一般模型

综前文所述，政府购买民间图书馆服务的绩效评估需要包括两个方面：一是对购买的图书馆服务进行评估；二是对购买行为的政治价值进行评估。Martin 的社会服务绩效评估模型虽比较成熟，但缺少政治评估的内容；不少学者呼吁重视政治价值的评估，却没有提出过相对系统和完整的模型。因此，本文以 Martin 的社会服务绩效评估模型为模板，在投入、过程、产出、品质和成效五个维度的基础上添加了政治维度，强调政府行为的特殊性，形成了政府购买社会服务绩效评估的一般模型（如图 8-2 所示）。

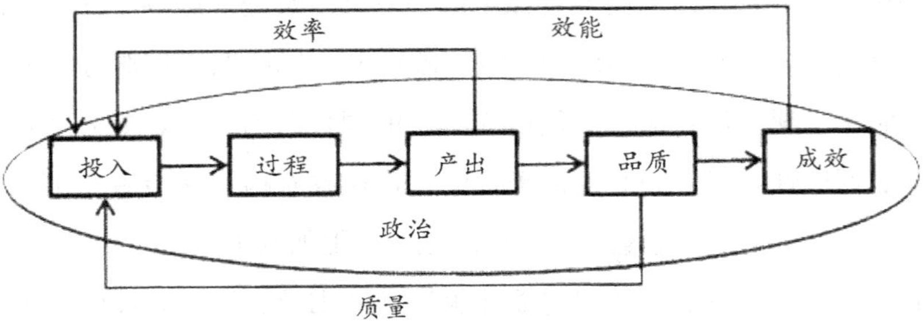

图 8-2 政府购买社会服务绩效评估的一般模型

8.3 政府购买民间图书馆服务的绩效评估方法

随着理论研究的深入和实践的发展，专家们探索和总结了多种图书馆绩效评估方法，应用较多的主要有投入评估法、职业标准评估法、任务评估法、标杆分析评估法、作业流程评估法、系统评估法、综合评估法等。

随着网络时代的发展，网络信息不断丰富，图书馆网络信息服务随之出现。因此，对图书馆服务的绩效评估方法又增添了一些新的内容，即图书馆网络信息服务的绩效评估方法。

8.3.1 传统图书馆服务的绩效评估方法

（1）投入评估法

这种评估方法通常只适用于某一特定类型的图书馆，如学术图书馆等。该方法把一个图书馆的资源现状与预先制定的标准进行比对，明确该图书馆的效用并与同类图书馆进行比较，在图书馆界曾产生过相当大的影响。然而，该种方法强调投入标准，忽视了投入的多少与图书馆能否提高读者需求的满意率并无直接关系这一关键问题。因此，该方法很少单独使用。

（2）职业标准评估法

这是一种利用图书馆职业指导标准来评估图书馆绩效的传统评估方法。该方法最主要的不足在于由于标准的制定多从图书馆的主观角度出发而忽略了读者的要求和利益。

（3）任务评估法

这是目标管理学在图书馆领域应用而产生的一种新的图书馆绩效评估方法。该方法按照目标完成任务或履行合同的情况来评价图书馆绩效。它与投入评估法的不同之处在于目标和任务由各个图书馆根据实际情况自行制定。目前，这种方法在图书馆界运用得较为广泛，其主要特点在于不但可以评估图书馆的整体绩效，而且可用于评估图书馆各个部门的绩效。随着图书馆外包业务的普及，这种评估法会对评估外包合同是否达到既定要求和标准较为适用。但该方法实施的困难之处在于许多图书馆并无明确的目的或目标作为制定评估标准的依据。

（4）标杆分析评估法

这是源于企业管理的一种评估方法，是以同业内的最强竞争者或知名领导者为标杆，对自身产品、服务与作业流程予以评量的方法，是一种评量和改善工作流程的全面质量管理工具。

标杆分析的概念被引入图书馆界后，有专门从事图书馆标杆分析的顾问公司成立，如 Library Benchmarking International 公司，也出现了一些成功的案例，如美国威斯康星州与俄亥俄州图书馆进行的参考服务标杆分析、澳洲北领地大学图书馆进行的采编分析等。标杆分析按选择标杆（对象）和评估工作流程的不同，一般分为三种类型：内部流程标杆分析、外部/竞争性流程标杆分析和功能性/一般性流程标杆分析。

内部流程标杆分析。内部流程标杆分析指一个组织内部不同部门、地点、分支机构的相同工作流程的相互评量比较，如图书馆总馆与各分馆间参考服务的工作流程，可找出全馆内最佳参考服务模式和解决参考服务过程中的共同问题。对图书馆内部流程进行标杆分析，较容易收集到丰富的资料，并很快发现问题所在，一般认为改善的机会约为 15%。

外部/竞争性流程标杆分析。外部/竞争性流程标杆分析指用同业竞争者的产品、服务、作业流程作为评量比较的标杆，以找出自身的优势或缺点。如以类型、规模大致相同的图书馆为标杆，比较彼此图书馆采编流程的差异，采纳对方的优点，就是竞争性流程标杆分析法的做法。该方法需要充分配合的标杆伙伴，通常可以提供 20%—25%的改善机会。

功能性/一般性流程标杆分析。功能性/一般性流程标杆分析的对象不限同行或同业，分析的对象不是某一机构或单位，而是选择这个领域内有代表性的机构中某一特定功能或典范的作业流程。如图书馆为提升人力资源管理效能，可以向外界以人力资源管理优良而著称的企事业机构取经。专家认为这种标杆分析通常可以引发创造性的思考，更有助于图书馆服务的创新和工作流程的改善。

图书馆引进标杆分析作为绩效评估方法，其主要作用在于：评量图书馆服务构架的合理性，增强图书馆的服务效益；证明图书馆的价值，取得管理高层对图书馆的支持，以达到图书馆整体的策略目标，并建立图书馆相互间的专业关系。

（5）作业流程评估法

这是在企业界常用的一种绩效评估方法，近年来随着全面质量管理引入图书馆而得以应用。该方法强调只要对图书馆内部作业流程（采购、分类、编目、流通等）优化，提高效率，图书馆就能取得良好绩效。然而图书馆只要处于高效率状态，就难满足读者的需求。因此，在使用中常存在一个问题，即孤立考虑作业流程的改进，而没有把读者需求和作业流程的改进有机结合起来，混淆了绩效和效率之间的关系。

（6）系统评估法

在图书馆绩效评估中，系统评估法是到目前为止使用最为广泛的方法。

该方法把图书馆看作一个受外界环境影响的有机体，由输入资源（投入）、对各种资源的利用（流程）、生产出读者需要的信息产品和服务（输出成果）组成。此外，它还考虑到了信息产品和服务对读者产生的影响（结果）。如美国 Mary J. Cronin 出版的《学术图书馆服务绩效评估》、Nancy A . Van House 等教授出版的《评量学术图书馆绩效》等著作把图书馆作为一个整体系统来考量输入资源和输出成果之间的效益，并专门为大学图书馆及学术图书馆设计了评估的模式和方法。但该方法也有一些不足：仅对易于量化的方面，如馆藏量、借阅量等进行测度，而对需做定性分析的方面，如服务态度等缺乏评价，强调了服务结果而忽略了服务过程；把图书馆当作一个封闭系统，无视外部环境和读者对图书馆的影响；忽略了读者需求。

（7）综合评估法

综合评估法是在系统评估法的基础上发展起来的。该方法认为，所谓图书馆绩效，实质上就是图书馆对其环境中有关因素的影响程度，评估应明确构成图书馆环境的重要利益群体，明确不同利益群体对图书馆的期望，以及他们的期望如何随时间不断变化，并根据图书馆的使命和宗旨把上述期望转化为相应目标。该方法强调目标明确，又注重根据环境的变化不断调整目标，因此具有发展性和适应性。

8.3.2　图书馆网络信息服务的绩效评价方法

对图书馆网络信息服务绩效评价主要有三个方面：一是网络信息服务系统建设绩效评价；二是网络信息资源建设绩效评价；三是用户感知服务绩效评价。其评价方法可以按照评价主体分为三类：自我评价、第三方评价和用户评价。这三类方法各有侧重：自我评价主要用于评价网络信息服务系统建设绩效；第三方评价主要用于评价网络信息资源建设绩效；用户评价主要用于评价用户感知服务绩效。但三类方法不是泾渭分明的，可以综合使用。

（1）图书馆网络信息服务绩效的自我评价

图书馆网络信息服务绩效的自我评价，就是图书馆对自己的网络信息服务实施的一种评价，通常由图书馆的管理者实施。在网络化与全球化的背景下，自我评价应以ISO9004《质量管理体系——业绩改进指南》为依据，以信息用户为中心，制定图书馆信息服务的质量方针与质量目标，确定各部门、各类人员的岗位职责和权限，对图书馆的人力资源、物资资源和信息资源进行有效管理与评价。

ISO9004《质量管理体系——业绩改进指南》中给出了自我评价模式：确定了服务质量体系成熟的5个等级；确定了自我评价的标准体系，其中包括27个主要方面，涵盖了54个标准。当然，在具体评价时可结合实际适当调整。

（2）图书馆网络信息服务绩效的第三方评价

图书馆网络信息服务绩效的第三方评价，主要是相对于图书馆以及其网络信息资源用户而言的，主要用于网络信息资源建设评价。一些商业性的专业网络资源评价网站如 Magellan Internet Guide、Lycos Top 5%、Argus Clearinghouse 等提供评价服务，评价的范围多侧重于综合性网络资源，所选择的评价指标包括日访问量、网站设计的感官效果等。有一些图书馆也提供网络信息资源评价服务，如 ADAM、EELS、OMNI、SOSIG 等，一般针对学术信息资源进行评价，具有专业性，侧重于对信息内容的评价，并且考虑网络信息的权威性、学术性，主要为科研服务。

网络信息计量方法也有用武之地，它可以提供一个系统、客观、规范的计量分析方法，评价结果更加客观可信，是网络信息资源评价的重要发展方向，是第三方评价和自我评价都可使用的方法，并应用于技术性实测调查和网站流量检测。

（3）图书馆网络信息服务绩效的用户评价

用户评价方法是评价机构选择一个指标体系告知用户，让用户按照指标对其质量的高低、服务的好坏等进行评价。用户评价方法通常是通过用户调查实现的。图书馆的用户调查主要采用座谈、电话访问、读者来信等方法，其不足之处是效率较低、成本高、效果差。而对于图书馆网络信息服务的评价来讲，网络调查提供了新途径。网络调查充分利用了互联网信息传播的优势，具有广阔的应用前景。

用户网络调查的主要方式：电子邮件法，在网上设立网络信息服务机构电子信箱，或者根据用户的邮箱地址，使用随机抽样方法抽取样本，对样本框里的电子邮箱发放问卷调查表，被调查者将填好的调查表通过电子邮件返回，调查者利用有关软件对回答进行自动检查和处理，来了解用户对网络信息服务的反应；Web 站点问卷调查法，是将调查问卷放置在一个或多个网站的网页上，由浏览这些站点并对该项调查感兴趣的用户在此网页上填写问卷而完成调查的方法；网上讨论法，通过网络的交互式工具来实现，如 BBS（电子公告牌）、ICQ（网络寻呼机）、IRC（网络实时交谈）、Net Meeting（网络会议）、Newsgroup（新闻组）等；网上视讯会议法，类似座谈会和访谈法，只不过用网络视频的形式进行，或将分散在不同地域的调查者组织起来，在主持人的引导下调查了解有关问题；网上实验观察法，对网络信息服务机构的被利用情况和用户的网上行为进行实验、观察和检测，分析网络信息服务系统的可用性，从而为改善这些系统的性能提供依据；服务器日志统计法，通过对服务器中的日志文件记录的用户访问站点的数据，如访问者的 IP 地址、访问时间、访问方式，被请求文件的 URL、HTTP 版本号、返回码、传输字节数，访问的页面、协议、错误代码等的统计，利用 Cookie 跟踪用户的活动，为有关的调查分析提供数据；用户注册信息调查法，用户注册信息比较具体、全面、客观，其可以和访问日志等结合起来，从而提高有关数据挖掘分析的准确度，进一步了解用户的情况。

概括地说，图书馆网络信息服务的绩效评价比较复杂，涉及的因素较多，单纯运用某种方法是难以准确、客观和全面的，应当采用层次分析法，根据实际情况，构建指标体系，建立评价模型，使用定性分析与定量评价相结合的方法进行评价。

政府购买民间图书馆服务在我国刚刚兴起，绩效评估尚未引起足够重视，存在着评估工作缺失、评估制度不完善、评估指标不科学、评估结果不客观，以及评估形式化、表面化等问题，这种状况如不改观，将严重影响和制约政府购买民间图书馆服务的健康顺利发展。为了更好地实现这一政策的目的和价值，一方面，在人员素质还不能胜任绩效评估要求的情况下，应尽可能地聘请社会专业评估机构承担相关工作；另一方面，应着手建立政府购买民间图书馆服务绩效评估体制，加快专业人才的培养，选择适当的绩效评估方法，促使我国这一政策又好又快地实施。

参 考 文 献

[1]王浦劬,莱斯特·M.萨拉蒙等.政府向社会组织购买公共服务研究——中国与全球经验分析[M].北京:北京大学出版社,2010.

[2]国务院办公厅关于政府向社会力量购买服务的指导意见[EB/OL].http://www.gov.cn/zwgk/2013-09/30/content_2498186.htm.

[3]田利.政府购买民间图书馆服务研究[J].图书馆,2016(1).

[4]贺羽.关于我国政府购买公共服务的思考[J].经营管理者,2014(4).

[5]黄荣幸.政府购买服务研究综述[J].法制博览,2015(5).

[6]杜定友.图书馆学概论[M].上海:商务印书馆,1921.

[7]张金路.民办图书馆的兴起与发展策略[J].图书馆建设,1996(3).

[8]张广钦.民营图书馆的界定、类型与研究现状[J].图书情报工作,2007(1).

[9]梁灿兴.试析民营图书馆生存空间的特征[J].图书情报工作,2007(1).

[10]王玉林.关于解决民营图书馆发展法律障碍问题等建议案[J].图书与情报,2008(2).

[11]徐旭.民众图书馆学[M].上海:世界书局,1935.

[12]吴蜀红,周群.广东开平氏族图书馆对民营图书馆发展的启示[J].图书馆工作与研究,2009(10).

[13]刘雁,张志广.对社区民办图书馆发展的一些思考[J].图书馆学刊,2008(6).

[14]徐家良,赵挺.政府购买公共服务的现实困境与路径创新:上海的实践[J].中国行政管理,2013(8).

[15]祁宝忠.地方政府公共服务创新能力影响因素的研究[D].广州:华南理工大学,2012.

[16]蔚彦伟.电子政务环境下政府信息资源共享模式与策略研究[D].太原:山西大学,2011.

[17]曼瑟尔·奥尔森.集体行动的逻辑[M].陈郁,郭宇峰,李崇新,译.上海:上海人民出版社,1994.

[18]王广正.论组织和国家中的公共物品[J].管理世界,1997(1).

[19]胡洪彬.社会资本与民间图书馆可持续发展[J].图书馆杂志,2011(4).

[20]周倩.他山之石,可以攻玉——国内外社会力量援助图书馆之考察[J].图书与情报,2008(1).

[21]丁煌.政府的职责:“服务”而非“掌舵”——《新公共服务:服务,而不是掌舵》评介[J].中国人民大学学报,2004(6).

[22]罗伯特·B.丹哈特,珍妮特·V.丹哈特.新公共服务:服务,而非掌舵[J].中国行政管理,2002(10).

[23]陈信,邹金汇,柯岚馨.我国基本公共文化服务的理论根源和现实依据[J].国家图书馆学刊,2015(2).

[24]陈威.公共文化服务体系研究[M].深圳:深圳报业集团出版社,2006.

[25]曹爱军,杨平.公共文化服务的理论与实践[M].北京:科学出版社,2011.

[26]周武旺.公共文化服务均等性研究[D].湘潭:湘潭大学,2012.

[27]中共中央关于制定国民经济和社会发展的第十一个五年规划的建议

(2005)[EB/OL].http://www.gmw.cn/01gmrb/2005-10/19/content_319036.htm.

[28]胡锦涛在中国共产党第十七次全国代表大会上的报告(2007)[EB/OL].http://www.chinapeople.com/peopleele/pqrty/pqrtyinfo.aspx? pid=4044.

[29]陈昊琳.基本公共文化服务:概念演变与协同[J].国家图书馆学刊,2015(2).

[30]朱眉华.政府购买服务——一项社会福利制度的创新[J].社会工作,2004(8).

[31]萨瓦斯.民营化与公私部门的伙伴关系[M].北京:中国人民大学出版社,2003.

[32]虞维华.政府购买公共服务对非营利组织的冲击分析[J].中国南京市委党校南京市行政学院学报,2006(4).

[33]李慷.关于上海市探索政府购买公共服务的调查与思考[J].中国民政,2011(6).

[34]陈锦梅,吴文兴.关于政府购买服务问题的思考[J].经济研究参考,2010(44).

[35]郑卫东.城市社区建设中的政府购买公共服务研究——以上海市为例[J].云南财经大学学报,2011(1).

[36]刘晓苏.国外公共服务供给模式及其对我国的启示[J].长白学刊,2008(6).

[37]句华.公共服务合同外包的适用范围:理论与实践的反差[J].中国行政管理,2010(4).

[38]骆路金.经济法视野下政府购买公共服务的激励分析[J].宁波广播电视大学学报,2012(3).

[39]江若玫,靳云汇.企业利益相关者理论与应用研究[M].北京:北京大学出版社,2009.

[40]陈宏辉.利益相关者利益要求:理论与实证研究[M].北京:经济管理出

版社,2004.

[41]陈宏辉.企业的利益相关者理论与实证研究[D].杭州:浙江大学,2003.

[42]李宏荣,练六英.利益相关者理论视角下的图书馆社会合作研究[J].图书馆论坛,2010,30(6).

[43]关思思.政府购买公共图书馆服务的适用性研究[J].图书馆建设,2015(7).

[44]王春婷.政府购买公共服务研究综述[J].社会主义研究,2012(2).

[45]钱蓓.以民管民,服务送到各个领域[EB/OL].[2013-09-17]http://www.shzgd.org/renda/zgd2014/node21723/node21752/u1a1846589.html.

[46]江龙.上海市政府购买体育公共服务模式研究[D].上海:东华大学,2015.

[47]易斌,郭华,易艳.政府购买公共图书馆运营服务的内涵、模式及其发展趋向[J].图书馆,2016(1).

[48]陈军.公私合作理论基础研究[J].延边大学学报,2009,42(4).

[49]翟建雄.中外政府购买公共服务的实践与思考[J].法律文献信息与研究,2015(C1).

[50]Institute for Fiscal Studies. Survey of publicspending in the UK[EB / OL].[2016-01-10]http:/ www. ifs. org. uk / uploads / publications / bns / BN43%20Public% 20Spending% 202014. pdf.

[51] House of Commons, Committee of Public Ac-counts. Contracting out public services to the private sector[EB /OL].[2016-01-10]http :/ www. publications. parliament. uk / pa / cm201314 /cmselect / cmpubacc /777 /777. pdf.

[52]杨海霞.破题政府购买公共服务[EB/OL].[2013-09-05]http://news.hexun.com/2013-09-05/157761221.html.

[53]马广志.政府购买公共服务的欧美模式[EB/OL].[2014-02-26]http://finance.ifeng.com/a/20140226/11755510_0.shtml.

[54]关于印发《政府购买服务管理办法(暂行)》的通知[EB/OL].http://www. mof. gov. cn/mofhome/zonghesi/zhengwuxinxi/zhengcefabu/201501/t20150104_1175300.html.

[55]中办、国办印发《关于加快构建现代公共文化服务体系的意见》[EB/OL].http://www.gov.cn/xinwen/2015-01/14/content_2804240.htm.

[56]于健慧,王丽达.政府购买公共服务制度保障不足之反思[J].哈尔滨商业大学学报(社会科学版),2015(6).

[57]陈红.政府购买公共图书馆服务的障碍与未来方向[J].图书馆工作与研究,2015(10).

[58]马国芳.政府采购社会组织服务的困境及制度机制分析[J].中国物流与采购,2013(10).

[59]董杨,句华.政府购买公共服务质量保障问题研究[J].中国行政管理,2016(5).

[60]任金红.政府购买图书馆服务的困境与出路[J].图书馆研究,2016(3).

[61]贺伟.政府购买图书馆公共服务的新尝试——以无锡新区图书馆为例[J].中国图书馆学报,2011.37(4).

[62]周永红.政府购买图书馆公共服务的背景及实践探索[J].博士论坛,2015(2).

[63]张玉珍.近5年我国民间图书馆研究综述[J].图书情报工作,2015(2).

[64]郭新萍.政府购买图书馆服务绩效评估初探[J].图书馆学,2015(8).

[65]刘晓婷.图书馆服务的政府购买研究[J].图书馆学刊,2013(6).

[66]王子舟.看民间图书馆之兴起[J].公共图书馆,2012(2).

[67]王子舟.民间图书馆研究[J].山东图书馆学刊,2015(1).

[68]李俊,李媛.近年来图书馆危机管理研究综述[J].图书馆学研究,2007(1).

[69]吴汉华.国内民间图书馆研究综述[J].图书馆建设,2013(6).

[70]唐海歌.政府购买公共服务风险及其防范[J].合作经济与科

技,2013(22).

[71]马晓军.政府购买图书馆服务的风险及其防范[J].图书馆学研究,2016(5).

[72]王子舟.社会力量是近现代图书馆事业发展的原动力[J].图书馆论坛,2009,29(6).

[73]王子舟.社会力量参与公共文化服务体系建设是文化发展的理性选择[J].图书馆杂志,2015(11).

[74]王子舟.伟大的力量来自于哪里——解读社会力量办馆助馆[J].中国图书馆学报,2010,36(3).

[75]王子舟.民间图书馆应该纳入《公共图书馆法》的理由[J].国家图书馆学刊,2015(3).

[76]易斌,郭华.政府购买图书馆运营管理服务的比较研究——以北京市朝外地区和无锡市无锡新区为例[J].情报资料工作,2015(2).

[77]伊强,朱晓红,刘向晖.社会组织承接政府购买服务的资质条件——基于地方政策文本的分析[J].中国非营利评论,2014(1).

[78]沈光亮.民间图书馆"民办官助"发展研究[J].图书馆,2015(4).

[79]张博.政府购买公共服务的风险及其防治[J].理论探讨,2016(3).

[80]支娟.政府向社会力量购买图书馆服务发展探析[J].图书馆,2015(7).

[81]王力达,方宁.我国政府向社会力量购买服务问题研究[J].中国行政管理,2014(9).

[82]王才兴.构建完善的体育公共服务体系[J].体育科研,2008,29(2).

[83]叶托,胡税根.政府购买社会服务的绩效评估指标体系研究[J].广东行政学院学报,2015(2).

[84]姜晓.绩效评估[J].图书馆杂志,2003(10).

[85]王宏鑫.图书馆网络信息服务绩效评价的指标与方法[J].图书馆杂志,2006(2).